Erläuterungen und Dokumente

Johann Wolfgang Goethe
Götz von Berlichingen

HERAUSGEGEBEN VON
VOLKER NEUHAUS

PHILIPP RECLAM JUN. STUTTGART

Goethes »Götz von Berlichingen« liegt unter Nr. 71 in Reclams Universal-Bibliothek vor. Seiten- und Zeilenangaben in den Erläuterungen beziehen sich auf diese Ausgabe.

Universal-Bibliothek Nr. 8122 [2]

Gesamtherstellung: Reclam, Ditzingen. Printed in Germany 1986
ISBN 3-15-008122-X

I. Wort- und Sacherklärungen

Den Worterklärungen kommt für Goethes »Götz von Berlichingen« eine besondere Bedeutung zu. Nicht nur Wörter und Wortformen bedürfen der Erläuterung, die seit dem Erscheinen des Dramas veraltet sind oder ihre Bedeutung verändert haben, schon den Zeitgenossen ist einiges nur schwer verständlich gewesen. Goethe wählte für die Handlung seines Dramas das 16. Jahrhundert, eine vergangene Zeit, die er auch als vergangen zeigen wollte: als Zeit eigenen Wertes, unterschieden von der Epoche, die sie ablöste, und in manchen Zügen ihr überlegen. Diese vergangene Zeit gerade in ihrer Verschiedenheit von Goethes Gegenwart zu gestalten ist die Aufgabe der Sprache im »Götz«.
Den »vergangenen«, von der Moderne verschiedenen Charakter erzielte Goethe auf zweifache Weise: Einmal griff er auf die Sprache dieser Zeit zurück, wie sie ihm von frühester Kindheit an aus Luthers Bibelübersetzung vertraut war und wie sie ihm auch in seiner Quelle, in Götz' Autobiographie, begegnete. Dies ist die Funktion der Bibelzitate wie der vielfachen wörtlichen Entlehnungen aus Götz' Lebensbeschreibung (vgl. die Zusammenstellung Kap. IV, 1), die ja häufig Einzelheiten betreffen, welche für die eigentliche Handlung völlig unwesentlich sind. Als zweites Element des Altertümlichen benutzte Goethe die Mundart seiner Kindheit und Jugend. Verglichen mit der damals in der deutschen Literatur herrschenden sächsischen Schriftsprache erschien das oberdeutsche Idiom, in dem Goethe in Frankfurt erzogen worden war, unmodern, einer vergangenen Zeit entstammend. Bei Beginn seines Studiums hatte er das in Leipzig bald erfahren. In »Dichtung und Wahrheit« berichtet er von den daraus sich ergebenden Schwierigkeiten: »Ich war nämlich in dem oberdeutschen Dialekt geboren und erzogen, und obgleich mein Vater sich stets einer gewissen Reinheit der Sprache befliß und uns Kinder auf das, was man wirklich Mängel jenes Idioms nennen kann, von Jugend an aufmerksam gemacht und zu einem besseren Sprechen vorbereitet hatte, so blieben mir doch gar manche tiefer liegende Eigenheiten, die ich, weil sie mir ihrer Naivetät wegen gefielen, mit Behagen hervorhob und mir dadurch von meinen neuen Mitbürgern jedesmal einen strengen Verweis zuzog.

Der Oberdeutsche nämlich, und vielleicht vorzüglich derjenige, welcher dem Rhein und Main anwohnt (denn große Flüsse haben, wie das Meeresufer, immer etwas Belebendes), drückt sich viel in Gleichnissen und Anspielungen aus, und bei einer inneren, menschenverständigen Tüchtigkeit bedient er sich sprüchwörtlicher Redensarten. In beiden Fällen ist er öfters derb, doch, wenn man auf den Zweck des Ausdrucks sieht, immer gehörig; nur mag freilich manchmal etwas mit unterlaufen, was gegen ein zarteres Ohr sich anstößig erweist. [...] Mir sollten die Anspielungen auf biblische Kernstellen untersagt sein, sowie die Benutzung treuherziger Chronikausdrücke. Ich sollte vergessen, daß ich den Geiler von Kaisersberg gelesen hatte, und des Gebrauchs der Sprüchwörter entbehren, die doch, statt vieles Hin- und Herfackelns, den Nagel gleich auf den Kopf treffen; alles dies, das ich mir mit jugendlicher Heftigkeit angeeignet, sollte ich missen; ich fühlte mich in meinem Innersten paralysiert und wußte kaum mehr, wie ich mich über die gemeinsten Dinge zu äußern hatte« (II, 6).

Hatte Goethe sich in Leipzig noch um die Erlernung des Tons bemüht, den diese Stadt für Deutschland angab, so lernte er in Straßburg das Altertümliche, Unmoderne, nicht Zeitgemäße als Wert schätzen: Indem er in den »Götz« vieles aus der ihm vertrauten oberdeutschen Mundart aufnahm, griff er gleichzeitig zurück in die Vergangenheit, die er darstellen wollte.

Zugleich gewann er damit ein Mittel der Individualisierung seiner Gestalten: Im alle Stände umfassenden Zeit- und Welttheater des »Götz« kann jeder Stand seine Sprache sprechen, je nachdem wie altertümlich und idiomatisch seine Redeweise ist, vom »modernen« Deutsch der Bamberger Hofleute bis hin zum stilisiert archaisch-volkssprachlichen Ton der Zigeuner.

Beide Beispiele machen deutlich, daß es Goethe nicht um eine naturalistische Imitation der historischen Sprechweise ging wie später Gerhart Hauptmann im »Florian Geyer«: Die Hofleute reden nicht wie Angehörige des 16. Jahrhunderts, und die Zigeuner sprechen kein Rotwelsch. Im Rückgriff auf die, gemessen an der eigenen Zeit, vorliterarische Sprache des 16. Jahrhunderts und die subliterarische der eigenen Zeit sah Goethe vielmehr die Möglichkeit, die Eigenart von Götzens Zeit als Eigenart ihrer Sprache Gestalt

werden zu lassen, das Kernige, Naive, Markige, Biedere, Ungebundene, Treuherzige, Tüchtige, Direkte und schließlich auch das Derbe, dem Götz dann vor allem seinen großen Ruhm in weitesten Kreisen verdankt.
Es ist bezeichnend, daß in dem »Götz«, wie er heute in den meisten Ausgaben vorliegt, gerade dieses berühmteste aller Zitate aus der klassischen Literatur fehlt (vgl. Anm. zu 73,2 und zu 69,6). Als Goethe 1787 seine Jugenddichtung in die Ausgabe seiner »Schriften« bei Göschen aufnahm, legte er eine unberechtigte Ausgabe des Berliner Nachdruckers Himburg zugrunde, der vor allem die oberdeutschen Eigentümlichkeiten sowie die »anstößigen Stellen« des Erstdrucks weitgehend beseitigt oder gemildert hatte. Kam dies auch zweifellos Goethes damaligen Tendenzen entgegen, so wissen wir doch nicht, ob er selbst ohne den Vorgang seiner norddeutschen Vorlage ähnlich radikal verfahren wäre. Dieser Text von 1787 diente dann – wiederum in einem nicht autorisierten Nachdruck – allen weiteren Ausgaben, die Goethe noch veranstaltete, als Grundlage. So blieb in den späteren Ausgaben nur ein Teil der ursprünglichen Fülle von oberdeutschen Schreibungen, ausgelassenen tonlosen ›e‹ der Endungen, Kontraktionen, ausgelassenen Pronomina, Artikeln und Adjektivendungen, starken statt schwachen Adjektivendungen, fortgelassenen ›ge-‹ beim Perfekt, veralteten Verbformen und Präpositionen erhalten, denen die Sprache des Erstdrucks ihren Charakter verdankte.

Personen

3 f.: Zu der für die Zeit ungewöhnlich großen Zahl der im Stück auftretenden Personen vgl. den Brief von Frau Rat Goethe an ihren Sohn vom 11. Oktober 1804: »Herr von Schwartzkopf hat mir den Comedien Zettel vom Götz von Berlichingen gegeben [= das gedruckte Programm der Weimarer Aufführung vom September 1804] – potz fischgen was Menschen gehören zu der Aufführung!«

3,2 *Kaiser Maximilian:* Maximilian I. (1459–1519). Verglichen mit den historischen Vorbildern läßt Goethe Maximilian später und Götz von Berlichingen (1480–1562) sehr viel früher sterben: kurz nach dem Bauernkrieg von 1525. Auf diese Weise wird Götz' Leben und Ende mit dem Leben und Ende des Kaisers parallelisiert, der in der

Volksüberlieferung als ›der letzte Ritter‹ fortlebte, dem Götz bis in seine letzten Worte hinein die Treue hält (111,27) und von dem er gesagt hat: *Ich lieb ihn, denn wir haben einerlei Schicksal* (75,17). Im Stück ist Maximilian nur Episodenfigur. Dieses krasse Auseinanderklaffen von sozialem Rang und dramatischer Funktion ist eine der vielen revolutionären Neuerungen des Stückes; die Plazierung Maximilians an der Spitze der Personenliste folgt dennoch seinem sozialen Rang.

3,4 *Elisabeth, seine Frau:* Der historische Götz war zweimal verheiratet, in erster Ehe mit Dorothea von Sachsenheim, in zweiter Ehe mit Dorothea Gailing von Illesheim.

3,6 *Karl, sein Söhnchen:* Der historische Götz hatte drei Töchter und sieben Söhne. Direkte Nachkommen leben heute noch.

3,7 *Bube:* Diener, Knecht, Knappe.

3,8–12 *Bischof von Bamberg ... Abt von Fulda:* Bischof und Abt sind im Stück Repräsentanten der Reichsfürsten, die allein am Ausbau ihrer Territorien auf Kosten des Reiches interessiert sind. Der geistliche Rang ist dabei unwichtig; bei manchen Aufführungen wurde aufgrund damaliger Zensurgesetze statt des Bischofs ein anderer Reichsfürst genommen (vgl. Kap. VIII).

3,9 *Weislingen:* Goethe fand in Götz' Autobiographie für diese Gestalt kein konkretes historisches Vorbild. Er ist der Repräsentant der Reichsritter, die, mit der Zeit gehend, ohne Rücksicht auf ihre reichsunmittelbare Stellung sich in den Dienst der Partikularinteressen der aufstrebenden Reichsfürsten stellten (vgl. 22,26 ff.).

3,13 *beider Rechte Doktor:* Doctor iuris utriusque, des kanonischen (kirchlichen) und des Zivilrechts.

3,14 *Bruder Martin:* Vgl. Anm. zu 9,19–24.

3,15 *Hans von Selbitz:* Götz' Freund und Verbündeter, aus der Autobiographie bekannt. Wie Götz ist er im Stück Vertreter des alten Unabhängigkeitsideals der Reichsritter (vgl. 23,38). Da dieser Stand durch die neue Kriegstechnik mit Feuerwaffen und Landsknechtsheeren seine militärische Bedeutung mehr und mehr einbüßte und die Einkünfte aus dem kleinen, meist landwirtschaftlich genutzten Besitz gering waren, wurden viele seiner Angehörigen zu Raubrittern (vgl. 8,29 f.).

3,16 *Franz von Sickingen:* (1481–1523), im Drama Götz'

Schwager (vgl. Kap. V). Während Götz und Selbitz in den alten Bahnen fortfahren und Weislingen sich in den Dienst des Neuen stellt, will Sickingen eine tiefgreifende Wandlung erzwingen, die seinem Stand den durch soziale und technologische Wandlungen verlorenen Einfluß zurückerobert. Seine reichen Einkünfte aus Erzgruben erlaubten ihm die Aufstellung einer schlagkräftigen Armee, die sogar Artillerie hatte. Im Aufstand der Reichsritter von 1522/23 griff er das Erzbistum und Kurfürstentum Trier an, um so eine allgemeine Reichsreform durch die Säkularisation der geistlichen Fürstentümer zu erzwingen. Er selbst hoffte für sich auf die Kurwürde. Die Belagerung Triers mußte jedoch ergebnislos abgebrochen werden; Trier, die Pfalz und das Erzbistum Mainz schlossen sich zu einer Strafexpedition zusammen und schlossen Sickingen auf seiner Festung Landstuhl ein. Während dieser Belagerung starb Sickingen am 7. Mai 1523 an einer Wunde.

3,17 *Lerse:* Goethe nannte eine in Götz' Autobiographie namenlose Gestalt (vgl. Kap. IV, 1) seinem Straßburger Freund Franz Lersé zu Ehren *Franz Lerse* (wegen des ›é‹ im »Urgötz« *Lersee*).

3,20 *Metzler, Link, Kohl:* historische Führer im Bauernaufstand, die auch Pistorius, der Hrsg. von Götz' Autobiographie, in einer Anmerkung nennt. Die Namen *Sievers* und *Wild* hat Goethe erfunden.

3,25 *Richter des heimlichen Gerichts:* Vgl. Anm. zu 107,25 ff.

3,27 *Max Stumpf:* Vgl. Götz' Autobiographie Kap. IV, 1

3,28 *Ein Unbekannter:* Vgl. ebd.

4,8 f. *Zigeunerhauptmann, Zigeuner, Zigeunerinnen:* Diese Geächteten der Zeit schließen den mit dem Kaiser beginnenden sozialen Querschnitt durch das Reich zur Zeit Götz' ab, in dem kein entscheidender Stand fehlt.

Erster Akt

Schwarzenberg in Franken. Herberge

5,6 f. *meß christlich:* miß mit Nächstenliebe. Diese volkstümliche Parodie christlicher Ethik im Alltagsleben entspricht dem Stand der Redenden.

5,10 f. *Die Bamberger dort ärgern sich, sie möchten schwarz werden:* Die Satzreihe an Stelle einer erwarteten konsekutiven Konstruktion entspricht wie das Bild umgangssprachl. Gebrauch.

5,13 *auf'm Schloß:* umgangssprachl. Verschleifung von Präposition und Artikel; wie ähnliche Verschleifungen häufig im Götz (vgl. 5,19: *auf'n Dienst*).

5,15 *Gleit:* synkopiert aus ›Geleit‹; auch dies ein umgangssprachl. Zug.
geben: synkopiert aus gegeben (vgl. 52,12).

5,19 *auf'n Dienst lauert:* das ordnungsgemäße Verhalten (urspr.: eines Dieners) scharf beobachtet.

5,22 *Händel:* Streitereien, Auseinandersetzungen. Zu dem von ›Hand‹ abgeleiteten Verb ›handeln‹ (ahd. hantalōn), mit Händen fassen, anfassen, wird spätmhd. ein Substantiv ›Handel‹ gebildet, das zunächst die weite Bedeutung seines Ursprungs hatte: etwas, womit man zu tun hat. So bezeichnet es auch den Rechtshandel, die Streitsache vor Gericht. Der Plural wurde dann später fast ausschließlich für solche Auseinandersetzungen gebraucht.

5,23 *vertragen:* vertraglich geregelt; vgl. heutiges reflexives ›sich vertragen‹.

5,26 *richt:* umgangssprachl. verkürzt aus ›richtete‹. Solche Verkürzungen sind bei einfachen Sprechern im »Götz« überaus häufig (vgl. 6,2 f.; 6,40; 17,7; 29,3).

5,27 *kroch er zum Kreuz:* gab nach, unterwarf sich. Die Redewendung hat ihren Ursprung wohl in der Bußpraxis der Kirche: die reuige Rückkehr des Sünders zum Kreuz. Sie begegnet häufig bei Luther, auch schon im allgem. Sinn von ›sich unterwerfen‹.

5,28 *getreuherzige:* So bezeichnet sich Götz selbst in seiner Autobiographie.

5,29 *unerhört:* allgem., nicht nur pejorativ: ›wie man es zuvor nie gehört hat‹. Vgl. dazu Goethes Definition der Novelle im Gespräch mit Eckermann am 29. Januar 1827 als »sich ereignete unerhörte Begebenheit«.

5,33 *werfen . . . nieder:* nehmen . . . gefangen (vgl. Anm. zu 18,13).

5,34 *versieht:* (mit Genitiv) vorsieht, voraussieht, erwartet.

5,34 f. *Wird sie aber schon wieder dafür lausen!:* in der Auslassung des Pronomens wie in der Wahl des Bildes bewußt umgangssprachl.

5,37 *Streich:* erfolgreiche Aktion; vgl. heutiges ›Handstreich‹.

garstig erbost haben: archaisierend für ›sehr geärgert haben, sehr böse geworden sein‹. *garstig* wird als derbes Steigerungswort auch in Schillers »Räubern« gebraucht.

6,1 *lang was:* umgangssprachl. für ›seit langem etwas‹.

6,2 f. *verkundschaft:* verkundschaftet = ausgekundschaftet. ›ver‹ ist hier steigernde Vorsilbe wie in ›verprügeln‹.

6,4 f. *wenn's nicht wär durch falsche Leut verraten worden:* betont umgangssprachl. in der Vorziehung des Hilfsverbs und der Auslassung des e in ›es‹, ›wär‹ und ›Leut‹.

6,5 f. *das Bad gesegnet und ihn ausgerieben haben:* ihn kräftig frottiert haben. Diese sehr bildliche Wendung ist aus Götz' Autobiographie übernommen worden, wo Pistorius sie erläutert hat (vgl. Kap. IV, 1). »Das Bad segnen« wird auch im »Wilhelm Tell« ironisch gebraucht: »Und mit der Axt hab ich ihms Bad gesegnet«.

6,7 *räsoniert:* nörgelt, schimpft; von frz. raisonner, das neben der Grundbedeutung ›die Vernunft gebrauchen, argumentieren‹ auch die dem dt. Gebrauch entsprechende Nebenbedeutung hat.

6,12 *despektierlich:* ohne die schuldige Ehrfurcht, verächtlich; von lat. despicere, ›herabsehen auf, verachten‹.

6,14 *den Fratzen:* schwacher Akk. zu ›der Fratz‹ (vgl. 92,25), ›Narr, alberner Mensch‹. Luther übernahm aus dem Ital. frasca, ›Posse, Albernheit‹, als ›Fratze‹. Davon wurden dann ›Fratz‹ = alberner Mensch und ›Fratze‹ = lächerliches Gesicht abgeleitet.

6,21 *Tausend Schwerenot!:* altertümliche Verwünschung. Die ›schwere Not‹ war die Epilepsie, die als Folge einer Verhexung galt.

6,25 *nit:* mundartliche Form von ›nicht‹, in Texten des 16. Jh.s überaus häufig, etwa bei Luther und Götz. Im »Götz« begegnet sie vor allem bei einfachen Sprechern.

6,27 *bleuen:* prügeln, schlagen; von ahd. bliuwan, mhd. bliuwen. Durch volksetymologische Anlehnung an ›blau‹ (von den Flecken dieser Farbe) entstand die heutige Schreibung ›bläuen‹, z. B. ›durchbläuen‹.

6,36 *Kerls:* statt Kerle; umgangssprachl. Plural, der im »Götz« häufig vorkommt.

7,2 f. *ein gefunden Fressen:* ein Essen, für das man nicht selbst zu sorgen braucht. Zur Stillage vgl. Wielands Rezension Kap. VI.

7,7 *passen:* warten, abwarten, lauern; vgl. ›aufpassen‹ und ›passen‹ beim Spiel.

7,12 *Adies!:* volkstümliche Abwandlung des frz. Grußes ›A dieu‹ = Gott befohlen.

7,13 *Lumpenhunde:* Dies ist eine der Milderungen der Ausgabe von 1787. Die erste und zweite Auflage hatten hier *Scheiskerle* (vgl. Anm. zu 69,6).

7,19 *Bengel:* Knüppel, Prügel.

7,20 *Bratspieße:* So nennt auch Götz in seiner Autobiographie die Reiterspieße bisweilen.

Herberge im Wald

7,31 f. *lach ich der Fürsten Herrschsucht:* altertümliche Genitivkonstruktion statt des heute gewöhnlichen ›lachen über‹.

7,34 *anschwärzen:* hier in übertragener Bedeutung: jemanden schlechtmachen. Adelung führt in seinem Wörterbuch diese Bedeutung zurück auf: an die schwarze Tafel schreiben oder in das schwarze Register schreiben. In Pauls Wörterbuch wird vermutet: »schülersprachliche Lehnübersetzung von adnigare, oder umgekehrt?«.

8,1 f. *Gestrenger Herr!:* im »Götz« häufiger gebrauchte höfliche Anrede des Ritters (vgl. Georgs Anrede des Mönchs in 13,26).

8,3 *stickst:* starke (intransitive) Form.

8,4 *Mummerei:* frz. momerie, ›Maskenspiel, Maskierung‹, von afrz. momon, ›Maske‹, wurde Anfang des 16. Jh.s mit derselben Bedeutung ins Deutsche übernommen.

8,6 *Küraß:* frz. cuirasse, ›Lederpanzer‹, von lat. coriaceus, ›ledern‹; hier abwechselnd gebraucht mit *Harnisch* (8,16), mhd. aus dem Afrz. entlehnt, urspr. allgem. die Ausrüstung, dann speziell die Rüstung bezeichnend, und *Panzer* (8,1 u. 18). Afrz. pancier wurde mhd. als panzier, ›Rüstung‹, übernommen.

8,20 *recht ausgefüttert:* so gut gefüttert, daß sie notfalls eine Zeit ohne Hafer auskommen können, wenn der Kriegszug das erfordert.

8,22 *Hansen:* schwacher Dativ zu Hans, im 18. Jh. die Regel.

8,29 f. *wann wir Kaufleute fangen und Fuhren wegnehmen:* ›wann‹ wird hier statt heutigem ›wenn‹ als Konjunktion zur Einleitung eines temporalen Nebensatzes gebraucht, wie häufig im »Götz« (vgl. 9,4). Ältere Texte unterscheiden ganz allgem. nicht ›wann‹ und ›wenn‹. ›Kaufleute fangen‹ war eine der Haupteinnahmequellen eines Götz und seiner Standesgenossen in den letzten Tagen des Rittertums. Das »Recht« wurde dabei dadurch gewahrt, daß man der Heimatstadt der Kaufleute vorher eine Fehde ankündigte (vgl. 39,14), für die man einen rechtlichen Grund beibringen konnte. Das machte die Fehde zu einer ›ehrlichen Fehde‹ (vgl. 82,33). 39,16 ff. und 82,38 ff. nennt Götz einen solchen Grund. Vielfach kauften die Ritter auch fremde Forderungen auf, um sie dann auf ihre Weise in einer Fehde einzutreiben. Im großen Stil tat dies Sickingen mit seiner Privatarmee (vgl. Anm. zu 3,16).

8,37 *letzt:* Adverb: beim letzten Mal.

8,40 *an Kopf:* Solche Auslassungen des Artikels finden sich als archaisierender Zug überaus häufig im »Götz«.

9,5 *lerne sie:* ›lernen‹ statt ›lehren‹ seit dem 14./15. Jh. üblich, vor allem in Mundart und Umgangssprache.

9,7 *braver Junge:* wie die nächsten Zeilen zeigen, im urspr. Sinne von ›tapfer‹; so deutlich auch 16,11. Das Wort wurde im 16. Jh. aus frz. brave, ›tüchtig, tapfer‹, entlehnt.

9,19–24 *Ehrwürdiger Vater ... Taufnamen:* Götz redet Bruder Martin mit dem Titel *Ehrwürdiger Vater* an, weil er ihn für einen Pater, d. h. einen Priestermönch (vgl. 69,30) hält. Martin korrigiert ihn: er ist nur Frater oder *Bruder*, d. h., er gehört zu den Mönchen ohne Priesterweihe, die in den Klöstern vor allem die handwerklichen Arbeiten verrichteten (vgl. 10,31 f.). Dies paßt nicht zu Martin Luther, wenn auch Tauf- und Klostername – Luther war Augustinermönch – sowie das Heimatkloster (10,33) an ihn erinnern. Der engl. Dramatiker John Arden (geb. 1930) hat deshalb in seiner Übersetzung und Bearbeitung »Ironhand« hier Martin Luther eingeführt.

9,40 *Geschäft:* hier im urspr. Sinn des kollektiven Neutrums zu ›schaffen‹: ›Summe dessen, was man tut, Tun‹. Die Bedeutung entwickelte sich dann ähnlich wie bei ›Handel‹ (vgl. Anm. zu 5,22).

9,40 f. *Der Wein erfreut des Menschen Herz:* Vgl. Ps. 104, 15.

10,15 f. *einer überfüllten Ruhe:* die Ruhe dessen, der sich überfüllt hat.

10,19 f. *Bringt's ihm:* Trinkt ihm zu (vgl. 20,35).

10,20 *Alle Streiter!:* Trinkspruch auf weltliche wie geistliche Kämpfer.

10,32 *Laboranten:* Kräutersammler für die Arzneimittelbereitung im Kloster.

11,5 ff. *Armut, Keuschheit und Gehorsam . . .:* die drei Mönchsgelübde. Bruder Martin verwirft sie als der von Gott gewollten Ordnung der Natur widersprechend (vgl. 9,35 f.; 10,21 ff.; 11,26 ff.; 12,12 f.).

11,24 *Ave:* Gebet an die Jungfrau Maria, das mit dem Gruß des Engels Luk. 1, 28 beginnt: »Gegrüßet seist du, Maria, voll der Gnade!« Wie das Paternoster = Vaterunser hat das Gebet seinen Namen von den lat. Anfangsworten: ›Ave Maria‹.

Halleluja: bisweilen Alleluja, hebr. Gebetsruf (z. B. Offb. 19, 1), Teil der katholischen Messe und des lutherischen Gottesdienstes, auch Bestandteil vieler Lieder.

11,25 *Herold meiner Schwäche:* Wie es die Aufgabe des Herolds ist, Botschaften zu übermitteln, würde die Stimme des Mönchs seine Schwäche verkünden. Die ahd. Form des Worts ›Heerwalter‹ wurde ins Afrz. entlehnt und von dort spätmhd. rückentlehnt.

12,11 f. *Wohl dem . . . lange:* Vgl. Jesus Sirach 26, 1 in Luthers Übersetzung: »Wol dem/ der ein tugentsam Weib hat/ Des lebet er noch einest so lange«.

12,13 *die Krone der Schöpfung:* Als zuletzt erschaffenes Wesen der gesamten Schöpfung bildet die Frau deren »krönenden Abschluß«. Dasselbe Bild wird aus demselben Grund auch häufig vom Menschen generell gebraucht.

12,27 ff. *Meine Rechte . . .:* Zum Stil dieser Stelle vgl. Wielands Kritik Kap. VI.

12,31 ff. *Ich danke dir, Gott . . .:* Vgl. Luk. 2, 29 ff.

12,37 *Du, mehr wert als Reliquienhand:* Du Hand, die du mehr wert bist als eine Reliquienhand. Im Erstdruck fehlt das Komma. Die an bloßes Gestammel grenzende Verknappung ist typisch für den Sturm-und-Drang-Überschwang beim Feiern und Preisen eines großen Menschen. Parallelen finden sich z. B. in Lavaters »Physiognomischen Fragmenten« (1775 ff.). Dem entspricht inhaltlich die Tendenz, dem *großen Mann* (13,24 f.) durch Vergleiche mit Heiligen oder gar mit Christus eine religiöse Weihe zu geben, wie sie auch in den Anspielungen auf die Heilsgeschichte (vgl. Anm. zu 12,31 ff. u. 13,22 f.) deutlich wird. In Goethes Aufsätzen aus dieser Zeit, »Von deutscher Baukunst« (1771/72) und »Zum Schäkespears Tag« (1771), werden Erwin von Steinbach und Shakespeare mit Christus und Gott verglichen.

13,19 f. *Vergeßt mich ... vergesse:* Die heute übliche Konstruktion von ›vergessen‹ mit dem Akk. steht hier neben der älteren mit dem Genitiv.

13,22 f. *Wie mir's so eng ...:* Vgl. Luk. 24, 32.

13,23 f. *mein Geist konnte doch ...:* Vgl. 1. Kor. 12, 10.

13,24 f. *Es ist eine Wollust, einen großen Mann zu sehn:* ›Wollust‹ hier im älteren und weiteren Sinn, wie auch in 51,27: Lust, Hochgefühl. Zum Inhalt vgl. Anm. zu 12,37.

13,26 *Ehrwürdiger Herr:* Anrede eines Geistlichen (vgl. 9,19).

13,32 *Georg! da hast du einen tapfern Patron:* Georg, Märtyrer unter Diokletian, wurde in mittelalterlichen Legenden als Drachentöter gefeiert, weshalb er als Ritter dargestellt wurde. Als der Heilige, nach dem der Junge benannt ist, ist er sein Patron, d. h. sein besonderer Schutzheiliger. Lat. patronus ist als ›väterlicher Beschützer‹ abgeleitet von pater, ›Vater‹.

Jagsthausen. Götzens Burg

14,8 *'s is gar zu schön:* Die Rede des Kindes ist, wie die der einfachen Leute, stärker mundartlich gefärbt; vgl.

14,11 *Wart e bis:* Warte ein biß(-chen). In der Hochsprache hat sich nur der Diminutiv ›bißchen‹ erhalten. Daß Karl als Kind auch wie ein Kind spricht, wie in der vorigen Szene Georg, war einer der neuen Züge des Stückes, der den Zeitgenossen besonders gefiel. Vgl. die Dokumente in Kap. VI.

14,25 *gessen:* Vor Vokalen wird die Vorsilbe ge- bisweilen zu g. Mhd. ist gezzen die Regel, nhd. wurde dann geneuerlich davorgesetzt. Goethe bewahrt hier die ältere Form. Vgl. Gretchens Volkslied am Ende des »Urfaust«:
»Mein Vater, der Schelm,
Der mich gessen hat!«

15,25 *Weck:* Ahd. wecki, mhd. wecke bezeichnet den Keil

und, von der Keilform her, auch ein so geformtes Weizengebäck. Diese abgeleitete Bedeutung hat sich allein erhalten. Neben dem urspr. Maskulinum gibt es nhd. auch das Femininum ›die Wecke‹.

15,32 *Taler:* Die aus dem Silber von Joachimstal im Erzgebirge seit 1519 geprägten Münzen hießen urspr. Joachimstaler, was schnell zu ›Taler‹ verkürzt wurde.
darnach: Vgl. Anm. zu 20,29.

16,3 *Bursch:* Frühnhd. bursche von mlat. bursa, ›der Geldbeutel‹, bezeichnete das Haus einer Personengruppe mit gemeinsamer Kasse, etwa einer studentischen Gemeinschaft. Bei der Übertragung des Namens auf die Angehörigen eines solchen Hauses wurde der Begriff ›die Bursche‹ als Plural aufgefaßt (so 76,14), zu dem ein neuer Singular ›der Bursch‹ gebildet wurde. Als sich diese Form allein durchsetzte, wurde ein neuer Plural notwendig: die Burschen.

16,12 *dem Weislingen nicht nachschlägt:* Mhd. slahen hieß auch: eine Richtung nehmen, einen Weg einschlagen, so daß ›slahen nach‹ bedeutete: seine Richtung nach jemand nehmen, jemandem nacharten. Diese Bedeutung wurde spätmhd. vom Kompositum ›nachslahen‹ übernommen.

16,16 *billiger:* gerechter, der Sache gemäßer. Das Adj. bedeutet urspr. ›gemäß‹, vgl. Wendungen wie ›recht und billig, nicht mehr als billig‹, in denen die alte Bedeutung sich erhalten hat. Den heutigen Sinn hat ›billig‹ über die Bedeutung ›dem Wert angemessen‹ bekommen, ähnlich wie ›preiswert‹.

16,21 *des Markgrafen:* des Markgrafen von Brandenburg-Ansbach; vgl. die Zeittafel. Der Titel bedeutet urspr. Verwalter einer Mark, von ahd. marcha, mhd. marke, ›Grenze, Grenzgebiet‹. Die Mark Brandenburg war eine der wichtigsten dieser Marken. Aus dem späteren Fürstentitel ›Markgraf‹ entwickelte sich der frz. Titel ›Marquis‹.

16,26 *widrigen:* feindlichen.

16,28 *Türner:* ebenso wie ›Turn‹ die oberdt. Form, die auch Götz in seiner Autobiographie verwendet.

16,28 f. *Liedel:* oberdt. Diminutiv zu ›Lied‹; -el ist verkürzt aus -elîn. Herrschte mhd. und auch noch in der Lutherbibel die Verkleinerung -lîn vor, so setzte sich gegen Ende des 17. Jh.s das mdt. -chen durch, wie es Luther in Briefen und Tischreden brauchte. Im Sturm und

Drang griff man dann wieder auf die altertümlich klingenden -lein- und -el-Formen zurück.

17,6 *kurios:* seltsam, absonderlich, merkwürdig; entlehnt im Barock unter Einwirkung von lat. curiosus aus frz. curieux, das diese Bedeutung hatte.

17,8 *weidlich:* Adj. zu mhd. weiden, ›jagen‹; urspr. daher ›jagdgerecht‹, woraus dann ›wacker, frisch‹ wurde. Das in der Schriftsprache verschollene Wort wurde im Sturm und Drang aus der oberdt. Mundart neu belebt.

17,15 *nistelten:* Dieser in der Schreibung ›nestelten‹ in Götz' Autobiographie vorkommende Ausdruck wird von Pistorius dort erläutert: »heisset soviel als sich an einem anhengen, daß er nicht entgehen oder entwischen kann.«

17,18 *nahmen sie in Pflicht:* verpflichteten sie durch einen Eid (vgl. 45,10).

18,2 *gutes Muts:* starker Gen. Sing. m. des Adj., für den heute regelmäßig der schwache Genitiv eintritt (vgl. 77,6; 88,37).

18,10 f. *meines gnädigen Herrn des Pfalzgrafen:* Pfalzgraf Ludwig bei Rhein, einer der Kurfürsten des Reichs. Der Titel ist urspr. der der Vorsitzenden des königlichen Gerichts, später der der königlichen Repräsentanten in den Stammesherzogtümern. Aus den Pfalzgrafen von Lothringen entwickelten sich die Pfalzgrafen bei (= am) Rhein; vom Titel der Herrscher gewann die Landschaft ihren Namen. Götz war Lehnsträger der Pfalzgrafen und hat ihnen in einzelnen Fehden gedient (vgl. 59,22).

18,13 *Schiff auf dem Main niedergeworfen:* Vgl. Götz' Autobiographie Kap. IV, 1. Die urspr. Bedeutung des körperlichen Niederwerfens oder des Vom-Pferd-Stechens bei der Gefangennahme ist hier gegenüber der allgem. Bedeutung ›fangen, gefangennehmen, wegnehmen‹ so verblaßt, daß Götz vom Niederwerfen von Schiffen sprechen kann.

18,17 *stund:* altes Präteritum von ›stehen‹, erst im 17. Jh. von ›stand‹ verdrängt. Der Konj. ›stünde‹ gilt heute noch.

18,33 *aufgeräumt:* gutgelaunt. Die auf den Menschen übertragene Bedeutung ist schon seit dem 17. Jh. geläufig.

19,23 *erb- und eigentümlich:* formelhafte Bezeichnung des Eigentums, das vererbt werden kann, das also nicht nur dem Eigentümer persönlich zusteht.

19,40 *was Apartes:* etwas Besonderes; das Adj. ist vom

urspr. Adverb ›apart‹ gebildet, das auf frz. à part, ›für sich, besonders‹, zurückgeht.

20,11 *Wo viel Licht ...:* Das »geflügelte Wort« ist von Goethe geprägt worden und hat von dieser Stelle seinen Ausgang genommen.

20,28 *Unfall:* allgem. ›Unglück, Unglücksfall‹ (vgl. 33,27).

20,29 *wornach:* wonach. Ahd. wâr verlor wegen des langen Vokals im Auslaut das r: mhd. wâ, spätmhd. wô. Erhalten blieb das r lediglich in Verbindungen mit vokalisch anlautenden Wörtern, z. B. wârinne = worin. Aus solchen Verbindungen drang ›wor‹ dann in andere Zusammensetzungen ein, z. B. wormit, wornach. Dasselbe gilt für das Nebeneinander von Formen mit dar- und da- (vgl. *darnach* in 15,32; 44,6), hier- und hie- (vgl. zu 67,3), ehe und eher (vgl. 23,39 und Anm. zu 56,6 f.).

20,34 f. *keine Flasche ... ausgestochen:* scherzhaft für ›geleert‹. Der Ausdruck rührt wohl vom Entkorken her, kann aber auch eine Übertragung des ›ausstechen‹ (= vom Pferd stechen) auf die Flasche sein; ähnlich dem ›einer Flasche den Hals brechen‹.

21,1 *mit dem Polacken:* mit dem Polen. Polack ist die dt. Schreibung des polnischen Namens für Pole = polak.

21,2 *gepicht:* urspr. ›mit Pech bestrichen‹. Der Pole hatte jedoch nicht Pech, sondern Eiweiß als Haarfestiger genommen. Vgl. die Szene aus Götz' Autobiographie Kap. IV, 1.

21,6 *schlug ich ... aus:* schlug, prügelte ich durch; vgl. ein Kissen ausschlagen = ausklopfen.

21,9 *erkennte:* Präteritum. Das e kam bei einigen schwachen Verben als a-Umlaut urspr. nur dem Präsens zu, während die andern Formen das a beibehielten. Später drang das e durch Angleichung ans Präsens auch in andere Formen ein, wo es das alte a verdrängte oder sich danebenstellte wie in ›sendete – sandte‹. In ›kennen, brennen, nennen, rennen‹ hat sich dagegen das a im Präteritum und im Part. Perf. behauptet, während sich Ausgleichsformen wie ›erkennte‹ nicht durchsetzten (vgl. Anm. zu 64,20).

21,10 *Kastor und Pollux:* unzertrennliches Zwillingspaar der griech. Sage.

21,14 f. *leutselig:* mhd. liutsælec, ›den Menschen angenehm‹, von liut, ›Volk‹. Über Leute (= Angehörige der niederen Schichten) entwickelte sich die heutige Bedeutung ›zuvorkommend, nicht hochmütig‹.

21,27 *mehr als Bruder:* verkürzt aus ›mehr als ein Bruder‹; vgl. 12,37: *Du, mehr wert als Reliquienhand.*

21,31 f. *dir anlag:* dich inständig bat. Vgl. das Subst. Anliegen.

21,32 *Brabant:* Landschaft zwischen Maas und Schelde; ein Teil des ehemaligen Brabant bildet die heutige belgische Provinz Brabant.

21,34 *Schlenzen:* schlendern, sich herumtreiben.
Scherwenzen: umgangssprachl. Vereinfachung von ›scharwenzeln‹ = sich dienstbeflissen zeigen.

21,36 *Vetteln:* Lat. vetula (zu vetus = alt), ›altes Weib‹, wird im späten Mittelalter als ›Vettel‹ entlehnt und dient als geringschätzige Bezeichnung von Frauen überhaupt, unabhängig vom Alter.

21,37 *mißvergnügten:* Verneinung von ›vergnügten‹ (= Genügen habend an), ›zufriedenen‹.

22,2 *edel:* adlig. Das ist der urspr. Sinn des mit ›Adel‹ verwandten Adj.

22,4 *Vasallen:* Gefolgsmänner. Das Wort wurde mhd. aus dem afrz. und provenzalischen Wort ›vassal‹ entlehnt, das dieselbe Bedeutung hat. Weislingen ist als reichsunmittelbarer Ritter den Reichsfürsten gleichgestellt, indem er allein vom Kaiser abhängig ist.

22,6 *dich necken:* dir schaden.

22,9 f. *Hofschranzen:* Schranze ist urspr. der Schlitz im Stoff, der das andersfarbene Unterfutter sehen läßt. Daraus wurde metonymisch eine Bezeichnung für den Träger solch modischer Kleidung.

22,10 *eines eigensinnigen neidischen Pfaffen:* Das urspr. neutral den geistlichen Stand bezeichnende Wort ›Pfaffe‹, aus dem griech. παπᾶς, niederer Kleriker (Pope), entstanden, wurde mehr und mehr zum Spott- und Schimpfwort für Geistliche (vgl. 72,36). *Eigensinnig* und *neidisch* erscheint der Bischof Götz wohl wegen seiner Hausmachtpolitik, die nur das Wohl des eigenen Territoriums, nicht das allgemeine Wohl des Reiches im Auge hat und deshalb auf andere als Rivalen neidisch sein muß.

22,20 *Erbfeindes:* ›Erbfeind‹ urspr. der Teufel; so auch noch bisweilen bei Goethe. Hier sind die Türken gemeint, später wurden die Franzosen mit diesem Titel bedacht.

Unsers teuern Kaisers Länder (Zeile 19), die habsburgischen Länder Österreich und Ungarn, waren am stärksten von den Türken bedroht. Nach dem türkischen Sieg bei Mohács (29. August 1526) eroberte Sultan Suleiman II. große Teile Ungarns und drang 1529 sogar bis Wien vor.

22,20 f. *von den Ständen Hülfe begehrt:* Die Reichsstände waren die unmittelbaren Glieder des Reichs mit Sitz und Stimme auf den Reichstagen: die Kurfürsten, die Fürsten und reichsunmittelbaren Grafen und Geistlichen sowie die Reichsstädte. Ihrer Zustimmung bedurfte es z. B. zum Erlaß von Reichsgesetzen. Die Reichsritter zählten nicht zu den Reichsständen. *Hülfe:* Nebenform von ›Hilfe‹, die durch Luther bis ins 19. Jh. die herrschende Form war.

22,38 *Pfannenflicker:* Kesselflicker, der schadhaft gewordene Metallgeräte ausbessert. Die Bezeichnung wird hier von Götz mit doppelter Spitze gebraucht: einmal bezieht sie sich auf das ausgeübte Flickwerk, zum andern auf den ständigen Wechsel, da der Beruf des Pfannenflickers ambulant war.

22,40 *darf:* ›dürfen‹ hier, wie häufig in älteren Texten, für ›brauchen‹.

23,4 *in ihren Kram dient:* Kram ist zunächst der Stand, die Bude des Krämers, dann sind es auch die darin angebotenen Waren. Was ›in den Kram dient oder paßt‹ ist das, was zur Vervollständigung des Angebots dient und deshalb nützlich ist.

23,5 *gloriieren:* von lat. gloriari, ›prahlen, sich rühmen‹; *gloriieren von* = gloriari de = viel Rühmens machen von.

23,14 *frei:* frei, Eure Meinung zu sagen.

23,15 *Landfrieden:* der auf dem Reichstag von Worms 1495 erlassene Allgemeine Landfrieden (vgl. die Zeittafel Kap. II).

23,17 *Reichstag:* hier der Reichstag von Worms von 1495. Reichstag bezeichnet sowohl die Gesamtheit der Reichsstände (vgl. Anm. zu 22,20 und die heutige Bezeichnung ›Bundestag‹) als auch deren konkretes Zusammentreten in einer Reichs- oder Bischofsstadt.

23,31 *Kundschaft:* Wissen.

23,36 *von der Leber weg reden:* sich keinen Zwang auferlegen. Die Leber galt als der Sitz leidenschaftlicher Regungen.

23,39 *eh:* Vgl. Anm. zu 20,29 und 56,6 f.

24,2 *Ihro Majestät:* Form des Kanzleistils, die im 17. Jh. aufkam und im »Götz« häufig in der Anrede und in der 3. Person verwandt wird. Der als Possessivpronomen dienende ahd. Genitiv ›iro‹ ist oberdt. lange erhalten geblieben und kann von da in die Kanzleisprache übernommen worden sein.
24,5 *wie's wäre:* wie es auch zugehe. In Götz' Autobiographie steht diese Konstruktion im Sinne von ›was es auch sei‹.
24,12 *Explikationen:* Erklärungen (vgl. 25,40).
betriegt: nach dem alten Infinitiv ›triegen‹ gebildete Form. Nhd. hat sich das ›ü‹ (mhd. ›iu‹) einzelner Formen überall durchgesetzt, endgültig im 19. Jh.
24,17 *die Fräulein:* die adligen Mädchen. Wie ›Frau‹ als Herrin (Femininum zu ahd. frô, ›der Herr‹; vgl. Frondienst, Fronleichnam = Leib des Herrn) urspr. die adlige Frau bezeichnete, so der Diminutiv die unverheiratete adlige Dame.

Im bischöflichen Palaste zu Bamberg. Der Speisesaal

24,26 *Bologna:* Seit dem Ende des 11. Jh.s Sitz einer Universität, deren Juristische Fakultät besonders bedeutend war.
25,9 *Junker:* Ahd. junc-hêrro, ›Jungherr, Sohn eines Adligen‹, wurde über mhd. juncherre zu nhd. Junker.
25,14 *Marschall:* ahd. marah-scalc (vgl. Mähre und Schalk = Diener), ›für die Pferde verantwortlicher Diener‹. Daraus wurde der Titel eines hohen Hofbeamten und später der militärische Titel.
25,19 *Disputieren:* Die Übung und Pflege des wissenschaftlichen Streitgesprächs über strittige Thesen war wesentlicher Teil der damaligen wissenschaftlichen Ausbildung. Ein Disput war u. a. Bedingung der Promotion; Goethe hat mit einem solchen in Straßburg zum Lizentiaten promoviert. In Zeile 20 versteht der ungebildete Abt *Disputieren* im umgangssprachl. Sinn von ›Streiten, Zanken‹.
25,24 f. *»Corpus Juris« ... Justinianus:* Der oströmische Kaiser Justinianus (527–565) ließ das röm. Recht im Codex Iustinianus, der Grundlage des Corpus iuris civilis, sammeln.
25,26 f. *Ein trefflicher ... Andenken:* Der Bischof scheint

zu glauben, Justinianus lebe noch, was Olearius sogleich höflich korrigiert.

25,32 f. *was ... abgängig ... wäre:* was fehlte, was vermißt würde.

25,33 *Glossen:* Kommentare der Juristen von Bologna.

25,38 ff. *Implicite ... explicite ...:* indirekt ... ausdrücklich. Der Abt verwechselt *explicite* mit *Explikation* (vgl. Anm. zu 24,12).

26,7 *in meinem Vaterlande:* Bei der damaligen politischen Zersplitterung Deutschlands wurde nicht das Reich, sondern die Stadt, die Grafschaft, das Fürstentum, dem man entstammte, als *Vaterland* empfunden. Vgl. noch Ernst Moritz Arndts Frage im Gedicht von 1813: »Was ist des Deutschen Vaterland? Ist's Preußenland, ist's Schwabenland?«

26,8 *hochgelahrter Herr:* ehrende Anrede des Gelehrten. Das Part. ›gelahrt‹ zu ›lehren‹ entstand, indem das e in ›lehren‹ als ein allein dem Präsens zukommender Umlaut von a aufgefaßt wurde (vgl. Anm. zu 21,9).

26,9 *Ihro Eminenz:* Eure Eminenz. Die heutige Anrede des Kardinals, von lat. eminens, ›hervorragend, bedeutend‹, ist hier allgem. als Anrede eines hohen Geistlichen gebraucht.

26,11 *nicht wohl angeschrieben:* vom Anschreiben des Kaufmanns. Wer keinen Kredit genießt, steht nicht gut angeschrieben.

26,17 f. *Schöppenstuhl:* Schöppe ist nddt. Nebenform von ›Schöffe‹ = der, der zwischen Parteien Recht schafft (verwandt mit ›schaffen‹). Der Schöppenstuhl war das Frankfurter Gericht, das zur Geltungszeit der Stadtrechte für alle Städte Frankfurter Rechts das Obergericht darstellte, deshalb das *große Ansehn weit umher*, von dem Olearius spricht.

26,23 *Statuten:* Satzungen. Das Wort wurde im Mittelalter von lat. statutum, ›das Festgesetzte, das Errichtete‹, entlehnt.

26,28 *Kasus:* Fälle im juristischen Sinn; von lat. casus, ›der Fall‹. Die dt. Deklination folgt weitgehend der lat., so daß Nom. Sing., Nom. Pl. und Akk. Pl. gleichlauten.

26,31 *deucht:* 3. Pers. Sing. Präs. zu ›dünken‹, gebildet in Anlehnung ans Präteritum ›deuchte‹. Infolge schon vorgermanisch wirksam werdender Lautgesetze entwickelten sich die einzelnen Zeiten dieses Verbs so unterschiedlich, daß sie fast wie nicht verwandt wirken. Nhd. tritt jetzt wieder ein Ausgleich ein, indem alle Formen meist von ›dünken‹ gebildet werden.

26,36–27,2 *Das erkennt ... niederzulassen gedenkt:* Die Einführung des römischen Rechts ließ vor allem in den unteren Bevölkerungsschichten das in dieser Zeit starker sozialer Wandlungen ohnehin verbreitete Gefühl der Rechtsunsicherheit wachsen. So war im Bauernaufstand des »Armen Konrad« von 1514 die Einführung des römischen Rechts und die Einsetzung von Doktoren zu Richtern einer der Beschwerdepunkte der Aufständischen.

26,39 f. *Sie halten den Juristen so arg, als einen Verwirrer des Staats:* Sie denken so schlecht vom Juristen, halten ihn für einen Verwirrer des Staats. ›Juristen‹ meint hier den Kenner des römischen Rechts, nicht den Rechtskundigen allgemein.

26,40 f. *Beutelschneider:* urspr. ein Taschendieb, der seinen Opfern im Gedränge den Geldbeutel oder die Tasche aufschnitt.

27,4 *Kaiser Maximilians Krönung:* 1486 wurde Maximilian in Frankfurt a. M. zum röm. König gewählt. Die Krönung fand damals noch in Aachen statt.

27,5 *vorgeschmaust:* im zeitlichen Sinne. Sie sind den Bräutigams beim Schmaus zuvorgekommen.

27,12 *Ein Prophet ... Vaterlande:* Vgl. Mark. 6, 4.

27,22 *Nimbus:* Heiligenschein.

27,23 *neblichte:* Wie in Habicht, Dickicht, Predigt ist hier auch in ›neblig‹ an auslautendes -ch oder -g ein -t angetreten.

27,25 *Unschlitt:* tierisches Eingeweidefett, aus dem man Kerzen machte.

27,32 *Schröpfköpfe:* Glasglocken wurden erhitzt auf einer Körperstelle angebracht; das beim Abkühlen entstehende Vakuum ergab einen verstärkten Blutzufluß und zog so das Blut an diese Stelle.

27,34 *Bader:* Besitzer eines öffentlichen Bades. Der Beruf umfaßte die Tätigkeiten des Barbiers und des Wundarztes; zu seinem Handwerkszeug gehörten die Schröpfköpfe.

27,36 *Schellenkappe:* die mit Glöckchen und Eselsohren besetzte Kappe zur Kennzeichnung des Narren. Die Hofnarren waren zu der Zeit bisweilen wichtige Figuren: berühmt ist z. B. Kunz von Rosen, der »lustige Rat« (im Gegensatz zu den andern Räten) Maximilians, der in Arnims »Kronenwächtern« eine Rolle spielt.

27,37 *Wo habt ihr promoviert?:* Gemeint ist: zum Schellenkappenträger.

28,3 *Von was anders!:* ›anders‹ ist Genitiv, abhängig von ›was‹ (vgl. 84,32 und die Anm.).

28,4 *Bei Tisch geht alles drein:* Im Tischgespräch ist alles erlaubt, wird nichts verübelt.

28,6 f. *Gegen Frankfurt ... Sachsenhausen –:* Wohl Anspielung auf den Frankfurter Spott über die als grob und plump geltenden Bewohner von Sachsenhausen, zu denen Liebetraut Olearius rechnen will.

28,9 *Ihro Fürstliche Gnaden?:* Anrede des Bischofs in seiner weltlichen Eigenschaft als Fürst des Reichs. In Zeile 33 braucht Olearius wieder die geistliche Anrede.

28,11 f. *das Reich zu beruhigen, die Fehden abzuschaffen und das Ansehn der Gerichte zu befestigen:* Durchsetzung der Beschlüsse des Reichstags von 1495 (vgl. die Zeittafel Kap. II).

28,15 f. *trotz ein vierzig Landfrieden:* trotz der vielen erlassenen Landfrieden. *ein vierzig* wie *ein zwanzig* (59,9), *ein funfzig* (64,16) ist konstruiert wie ›ein Dutzend, ein paar‹ und ist hier unbestimmt, nicht als konkrete Zahlenangabe gemeint.

28,16 *Mördergrube:* Ort, an dem Mörder sich verbergen. Das Wort wurde durch Luthers Übersetzung von Jer. 7, 11 und Matth. 21, 13 verbreitet.

28,23 *stecken einen die Kerl am End in Sack:* entspricht heutigem umgangssprachl. ›in die Tasche stecken, kassieren‹ (Sack = Hosentasche). Durch die Kombination dieses Bildes mit der Auslassung der Endungen und des Artikels häufen sich in diesem Satz die derben und archaisierenden Stilzüge des »Götz«.

28,24 f. *Das müßt ... schieben wollte:* Liebetraut nimmt die Redewendung des Abtes wörtlich, wobei er auf dessen Aussehen und seine Ursachen anspielt. Der Satz ist wohl ›beiseite‹ gesprochen.

28,27 *molestiert mich:* ärgert, belästigt mich, wird mir lästig, von lat. molestare, ›belästigen, lästig sein‹.

29,13 ff. *Einer ist entronnen ...:* Vgl. Hiob 1, 15 ff.

29,18 f. *Kabinett:* Das Wort wurde Ende des 16. Jh.s aus

frz. cabinet, ›kleines Gemach‹, entlehnt. Später nahm es den Sinn an, den es an dieser Stelle hat: Arbeitszimmer eines Fürsten, woraus sich die heutige Bedeutung entwickelte.

29,23 f. *Post ... meabis:* Mittelalterlicher Hexameter mit Binnenreim: Nach dem Essen sollst du stehn oder tausend Schritte gehn.

29,26 *Schlagfluß:* Schlaganfall; wie 28,24 f. auf des Abtes füllige Gestalt bezogen.

29,29 *Exerzitium:* Übung, körperlich und geistig.

Jagsthausen

30,2 *Gottespfennig:* Spende bei Abschluß eines Vertrages.

30,7 *Aber ich bin nicht dadurch erbaut:* Vgl. 1. Kor. 14, 17. Goethe zitiert nach dem griech. Original oder nach der lat. Übersetzung, da Luther hier für erbaut ›gebessert‹ hat.

30,8 f. *stark durch ihre Verwandtschaft:* dadurch, daß sie wie Glieder einer Kette ineinanderhängen und so notwendig aufeinander folgen.

30,10 *schwächer als Simson . . .:* Vgl. Richt. 16, 17 ff.

31,10 *Kaiserliche Kommissarien:* Beauftragte des Kaisers; von lat. committere, ›beauftragen‹, commissio, ›der Auftrag‹.
Tag: Gerichtstag.

31,11 f. *wo die Sache dann verglichen werden mag:* ›Sache‹ ist hier noch konkret ›Streitsache, Prozeß‹ (vgl. 75,10) wie auch in Wendungen der Gerichtssprache. ›verglichen‹ ist hier juristischer Terminus: durch Vergleich beendet, nicht durch Urteil.

31,30 *Paradiesvogel:* exotische Vogelart mit prächtigem Gefieder und eigentümlichen Schmuckfedern. Das Bild hat seinen Grund wohl in Weislingens äußerlichen Vorzügen (vgl. *Phönix* in 49,33).
siehst: siehst aus (vgl. 43,36; 47,33; 88,32 und den Anfang von Schillers »Räubern«: »Aber ist euch auch wohl, Vater? Ihr seht so blaß«).

31,39 *jetzo:* Nebenform von ›jetzt‹, die auf mhd. iezō, Nebenform von ›iezuo‹ (= eben, soeben) zurückgeht.

32,10 *behaupten:* hier im Sinne von ›verteidigen‹, wie in der militärischen Sprache ›eine Festung behaupten‹.

32,18 *schafft:* wünscht, befehlt (Götz hat Elisabeth ja gerufen: 32,2). Die Grundbedeutung von ›schaffen‹ ist ›bewirken, ordnen‹, woraus sich einmal ›anordnen‹ (wie hier) entwickelte, zum andern die heutige Bedeutung ›selber tun‹.

32,25 *so . . . als:* so . . . wie.

32,27 *Titel:* (rechtliche) Voraussetzung.

32,37 *Franken und Schwaben!:* Da Weislingen aus Franken ist (Zeile 7), muß sich hier Götz für einen Schwaben halten. Der historische Götz war aus Franken.

32,39 *den Daumen auf dem Aug halten:* Das Bild ist wohl vom Ringkampf genommen: Durch die Drohung, das Auge auszudrücken, hat man den Gegner völlig in der Gewalt.

34,1 *Äquivalent:* Gegengewicht, Gegenwert.

34,2 *vertagt:* auf einen Gerichtstag geladen (vgl. 31,10).

34,31 *sahe:* willkürliche Erweiterung von ›sah‹ wie in 68,30 *flohe* von ›floh‹. Ähnliche Formen finden sich bei Luther.

35,7 *erhoben:* hervorgehoben.

35,10 ff. *So fühl ich . . . Herz!:* Franz' Definition des Dichters läßt das eigentliche Dichten, das Verfertigen von Versen oder Sätzen, völlig außer Betracht, ähnlich wie Werther am 10. Mai schreibt: »Ich könnte jetzt nicht zeichnen, nicht einen Strich, und bin nie ein größerer Maler gewesen als in diesen Augenblicken.« Hatten die vorhergehenden Epochen für den Dichter Gelehrtheit, Belesenheit, Kenntnis der Regeln, Maße und Gattungen gefordert, so war im Sturm und Drang allein das Gefühl entscheidend. Goethe schreibt im Rückblick in »Dichtung und Wahrheit«: »Schon früher und wiederholt auf die Natur gewiesen, wollten wir daher nichts gelten lassen als Wahrheit und Aufrichtigkeit des Gefühls und den raschen Ausdruck desselben« (III, 11). Er zitiert dazu aus dem Urfaust: »Freundschaft, Liebe, Brüderschaft, trägt die sich nicht von selber vor?«

35,21 *ich fuhr darnach:* ich fuhr mit der Hand danach, griff hastig danach.

35,22 *rührte im Aufheben den Saum:* Vgl. Mark. 5, 27 ff.; 6, 56.

35,35 *bildet sich:* wird zum Bild, wird sichtbar, nimmt Gestalt an.

35,39 *Sankt Veit:* Vitus, sizilianischer Märtyrer, einer der 14 Nothelfer.

36,4 f. *gesellschaftliche Melancholie: Melancholie* ist eines der vier Grundtemperamente der antiken Temperamentenlehre. Sie ist gekennzeichnet durch Schwermut, Ernst, Neigung zum Grübeln, Introversion. *Gesellschaftlich* ist Marias *Melancholie* insofern, als sie der Stimmung des *Gefangenen und Kranken* (2 f.) verwandt ist und ihm so Gesellschaft leisten kann.

Zweiter Akt

Bamberg. Ein Saal

36,16 *Cupido:* Amor, griech. Eros, Sohn und Begleiter der Venus-Aphrodite.

36,18 f. *mutilich ... männilich:* spielerische Abwandlung des archaisierenden mutiglich u. männiglich, ›wie ein Mann‹.

37,3 *Auskunft:* im urspr. Wortsinn: Aus-kommen, Herauskommen.

37,9 *Probierstein:* Stein, über den man Münzen streicht, um am hinterlassenen Strich den Charakter der Legierung, z. B. den Goldgehalt, abzulesen. Der bildliche Gebrauch ist häufig.

37,12 *ominöser Vögel:* Vögel, deren Ruf im Volksglauben ein schlechtes Omen (lat., ›Vorzeichen, Vorbedeutung‹) darstellt; etwa das Käuzchen, dessen »Komm mit« den Tod ankündigt.

37,22 f. *der den Erfinder ... belohnt habe:* Anspielung auf die Erzählung, der Erfinder des Schachspiels habe sich zum Dank von seinem König Weizenkörner (nach anderer Version Goldstücke) erbeten: eins aufs erste Feld des Bretts, zwei aufs zweite, vier aufs dritte, acht aufs vierte usw. Der König hielt die Bitte für allzu bescheiden, bis er merkte, daß die 2^{63} Körner für das letzte Feld in seinem ganzen Reich nicht zusammenzubringen waren, erst recht nicht die Summe aller Körner.

37,24 *minorenn:* minderjährig. Das deutsche Wort ist die Lehnübersetzung des lateinischen.

37,26 *Flachshaare:* sehr blonde Haare; nach der Farbe von Flachs, der Pflanze, aus deren Fasern Leinen hergestellt wird.

37,31 f. *in usum Delphini:* Zum Gebrauch des Dauphins (des Thronfolgers) Ludwigs XIV. wurden spezielle Klassikerausgaben gestellt, die von ›anstößigen‹ Stellen gereinigt waren. Hier ein Anachronismus wie die *Cartoffeln* in der Urfassung (vgl. Kap. III, 1).

37,32 *homogen:* von gleicher Art.

37,37 *Geschlechtsregister:* Ahnentafeln.

38,18 *Kommission:* Auftrag (vgl. Anm. zu 31,10).

38,22 *Wachtelpfeife:* Pfeife, die den Ruf der Wachtel nachahmt und so bei der Jagd andere Vögel anlockt. Die Bilder in 39,3, 39,6 und 41,4 sind aus demselben Bereich genommen.

38,28 *herbanne:* durch Zauber herbeischaffe und festhalte.

38,30 *Sympathie:* hier das Beschwören und Besprechen von Krankheiten aufgrund geheimer Sympathien, d. h. aufgrund von Bezügen und Verwandtschaften zwischen verschiedenen Naturphänomenen.

38,36 *Weisling:* Weißfisch. Spiel mit Weislingens Namen wie 58,17. Weißfisch oder Weisling ist der Sammelname für verschiedene kleinere Süßwasserfische.

39,3 *Leimstange:* auf der man Vögel fängt.

39,6 *Lockvogel:* den man neben der Leimstange anbindet, um andere Vögel dorthin zu locken.

Jagsthausen

39,22 *Reichsstädte:* Die Städte, die nicht zum Territorium eines Fürsten gehörten, sondern sich selbst verwalteten und eine eigene Vertretung auf den Reichstagen hatten. Ihre Bedeutung wuchs mit der Entwicklung des Handels mehr und mehr, wodurch ihre Kaufleute zur begehrten Beute der verarmenden Ritter wurden (vgl. 39,37 ff. und Anm. zu 8,29 f.).

39,24 *Sie haben's Ursach*: Sie haben des Ursach; altertümlich für: sie haben Ursache dazu.

39,26 f. *Burgemeister:* burger ist mhd. Bürger; Burgermeister daher Nebenform von Bürgermeister. Indem das -r der ersten Wortendung wegen der gleichlautenden Endung des zweiten Teils ausfiel, entstand die Form ›Burgemeister‹ (vgl. Köder aus Körder).

39,27 *güldenen:* altes Adj. zu Gold, bei dem der Umlaut des u durch die alte Endung -în bedingt ist. Inzwischen hat das Adj. sich wieder dem Grundwort angepaßt.

39,28 *käm uns in Wurf:* käme in unsere Reichweite.

39,29 *Witz:* ahd. wizzī, mhd. witze; Abstraktum zu ›wissen‹: Wissen, Verstand, Klugheit, vgl. das Adj. gewitzt. Der Witz der Nürnberger war sprichwörtlich:

»Der Venediger Macht,
der Augsburger Pracht,
der Straßburger Geschütz,
der Nürnberger Witz,
der Ulmer Geld
sind berühmt in aller Welt.«

Bamberg. Zimmer der Adelheid

40,31 *Kinder und Narren –:* Ergänze: sagen die Wahrheit.

40,34 *Hörner von deinem Weibe:* Anspielung auf die Redewendung ›jemandem Hörner aufsetzen‹ = jemanden mit dessen Frau betrügen. Der Ursprung dieser sehr alten und in vielen Sprachen verbreiteten Redensart ist umstritten.

41,6 *verstünd:* Konj. Prät. zu ›verstehen‹ (vgl. Anm. zu *stund* in 18,17).

Im Spessart

42,13 *Kittel:* Vom arab. Wort für ›Baumwolle‹ abgeleitet, bezeichnet Kittel ein einfaches hemdartiges Gewand aus Baumwolle oder Leinen.

42,14 *Geleitzeichen:* So hieß die Quittung über die für das sichere Geleit durch ein Territorium fälligen Gebühren. Hier scheint aber an ein Zeichen gedacht zu sein, das seinen Träger als Diener des Bamberger Bischofs auswies, der in seines Herrn Auftrag Kaufleute durch das Bamberger Gebiet geleitete, d. h. unterwegs vor feindlichen Überfällen schützte. So braucht Georg es auch (vgl. 47,17 ff.).

42,19 *mich irrt's nicht:* mich irretiert es nicht, macht es nicht irre. ›irren‹ ist hier noch transitiv gebraucht: jemanden irren, ›ihn vom rechten Weg abbringen‹.

Bamberg

42,37 *Gelds genug:* alte Konstruktion von ›genug‹ mit einem partitiven Genitiv.

43,4 *Minen ... die er selbst gegraben hat:* Beim Belagern einer Festung gruben die Belagerer Stollen unter die Festungswerke, um sie in die Luft sprengen zu können. Hier ein Bild für listige Unternehmungen, die Weislingen vorbereitet hat.

43,20 f. *haben ... einen Zahn auf mich:* wollen mir seit langem übel.

43,22 f. *zunichte:* Die Schreibung *zu nichte* im Erstdruck zeigt noch deutlich die Herkunft vom alten Subst. ›nicht‹, dessen Dativ es ist. Als ›nicht‹ den Platz der alten Negation ›ni‹ einnahm, wurde es als Subst. durch ›nichts‹ ersetzt. Vgl. auch den Rest einer Flektion von ›nicht‹ in *mit nichten* (55,28 f.).

Adelheidens Zimmer

44,19 *Chamäleon:* Tier, das zur Tarnung sein Aussehen nach der Farbe seiner Umgebung ändern kann, wodurch es seine sprichwörtliche Berühmtheit als Symbol der Heuchelei, Täuschung und Verstellungskunst erlangte.

44,25 *Porträten:* hier nicht nur in der Rechtschreibung, sondern auch in der Deklination eingedeutscht.

44,27 f. *zum höchsten:* höchstens.

45,4 *Theuerdank:* 1517 erschienene letzte Dichtung mit betont ritterlichem Charakter, zum großen Teil von Maximilian I. selbst geschrieben. Für Adelheid ist sie das romantische und unrealistische Dokument einer vergangenen Zeit.

45,10 *Pflicht ... leisten:* sich durch einen Eid verpflichten (vgl. 17,18).

45,11 *Strafe der Acht:* Ausstoßung aus der Rechtsgemeinschaft und deren Schutz. Der Geächtete durfte straflos getötet werden. Eine gerichtlich ausgesprochene Acht war lokal begrenzt, die ›Reichsacht‹, um die es sich bei Götz handelt, durfte allein vom Kaiser verhängt werden. Sie galt für das ganze Reich und war vor allem Strafe für den Landfriedensbruch.

45,15 *den Rübezahl glauben:* glauben mit dem Akk. der Person (= glauben an) findet sich auch im Urfaust, wo beide Konstruktionen wechseln: »Gretchen: Glaubst du an Gott? Faust: Mein Kind, wer darf das sagen: Ich glaub einen Gott!« (»Marthens Garten«).
Rübezahl: Berggeist des Riesengebirges.

45,18 *Geselle:* Gefährte (vgl. 81,28), von ahd. gisello. gehat kollektivierende Bedeutung, -sello ist Ableitung von sal, ›Saal‹: ›der mit einem das Zimmer teilt‹.

46,1 *vor einen Anteil:* für einen Anteil. ›vor‹ und ›für‹ lagen zur Goethezeit noch nicht in ihrer heutigen Anwendung fest und traten füreinander ein; vgl.

46,26 *dafür sein:* davor sein, verhindern (vgl. die Redewendung *Da sei Gott vor!* in 36,1).

Im Spessart

47,17 *berichte Euch mit der Wahrheit:* ungewöhnliche Konstruktion. Statt als Akkusativobjekt erscheint ›Wahrheit‹ in einer adverbialen Bestimmung, während ›berichten‹ mit dem Akk. der Person, nicht der Sache, steht (›Euch‹ ist Akk., vgl. 51,4). Schiller benutzt dieselbe Konstruktion in »Turandot«: »Der Abgrund öffne sich und schlinge mich hinab, wenn ich mit Lügen Euch berichte.« Götz braucht in seiner Autobiographie ›berichten‹ mit dem Akk. der Person und dem Gen. der Sache.

47,22 *Verkappung:* Verkleidung. Das zugrundeliegende Wort ›Kappe‹ bezeichnet urspr. einen Umhang, wie auch Siegfrieds Tarnkappe ein kompletter Mantel war.

48,6 *einen schlechten:* einen schlichten, wie stets in älteren Texten. In 48,8 hat *schlecht* schon die neue Bedeutung ›böse, übel‹. Das Nebeneinander beider Bedeutungen ermöglicht das Wortspiel.

48,35 *Hundsfott:* Von der volkstümlichen Bezeichnung für das Hinterteil des Hundes genommenes Schimpfwort für einen feigen, verräterischen Menschen (vgl. 72,30).

Bamberg

49,27 *Antistrophe:* der ersten Strophe parallel gebaute ›Gegenstrophe‹ in griech. Chorlyrik.

49,29 f. *ohne Metapher gesprochen:* Adelheid betont, daß sie nicht etwa auf Vergils bekannte Metapher von der vielzüngigen Fama (Aeneis IV, 183) anspielt, sondern daß es wirklich hundert und mehr Personen waren, die Weislingen gelobt haben.

49,30 *zahnarztmäßig:* Der Zahnbrecher steht hier stellvertretend für alle anderen Marktschreier.

49,32 *Quintessenz:* in der Alchimie Bezeichnung konzentriertester Auszüge aus Stoffen, deshalb: Inbegriff, Summe aller Eigenschaften.
49,33 *Phönix:* sagenhafter Vogel, der sich durch Verbrennung verjüngt. Meist Sinnbild der Unsterblichkeit; hier nur wegen der außerordentlichen Seltenheit dieses Vogels gebraucht (vgl. *Paradiesvogel* in 31,30).
49,34 *meines Wunsches gewährt:* alte Konstruktion von ›gewähren‹ mit dem Akk. der Person und dem Gen. der Sache, die nhd. sehr selten ist. Schon seit dem 16. Jh. findet sich die heutige Konstruktion, die Goethe 50,29 ff. verwendet.
50,7–15 *Ich sah ... den sah ich:* Wie es in der wörtlichen Rede bei langen Sätzen bisweilen passiert, wechselt Adelheid in Zeile 12 die Konstruktion. Anstelle des erwarteten Akkusativobjekts zu *Ich sah statt ...* beginnt sie einen neuen Hauptsatz, der mit dem ersten Teil durch das Relativpronomen *den* verknüpft ist.
50,10 ff. *wie auf übereinander gewälzten Bergen:* Otos und Ephialtes, zwei riesige Zwillingsknaben der griech. Mythologie, wollten den Himmel stürmen, indem sie die Berge Olymp, Ossa und Pelion aufeinandertürmten. Apollo tötete sie, bevor sie den Plan ausführen konnten.
50,25 *mißmütig:* analog zu ›edelmütig, großmütig, kleinmütig‹.
50,29 *Könntest du:* Adelheid hat mit ihrem abweisenden Verhalten (vgl. 46,26 ff.) ihr Ziel erreicht: Weislingen wechselt zum Du über.
50,33 *die Zeit her:* diese Zeit über, seither.
51,4 *Er ist berichtet:* ihm ist berichtet worden. ›berichten‹ steht hier wie in 47,17 mit dem Akk. der Person, was die Bildung des persönlichen Passivs ermöglicht.
51,8 *Reichstag zu Augsburg:* Herbst 1518.
51,13 f. *O ihr Ungläubigen! ... Wunder!:* Vgl. Joh. 4, 48.
51,21 *ungeneckt:* ungeschoren, in Ruhe (vgl. 22,6).
51,29 *Kissen:* Ruhekissen, vielleicht auch das Kissen, das man dem Toten im Sarg unterlegt.

Herberge. Bauernhochzeit. Musik und Tanz draußen

52,1–54,6 *Herberge ...:* Diese Szene, die im Kontrast zu Götz' Selbsthilfe das Wirken der ›ordentlichen‹ Gerichtsbarkeit zeigen soll (vgl. vor allem Selbitz' Ausruf 53,20), hat in der Urfassung keine Entsprechung.

52,11 *hübschten:* Superlativ zu hübsch, bei dem nach Synkopierung des e das verbleibende s zur Konsonantenerleichterung ausgestoßen wurde.
Backfisch: seit der zweiten Hälfte des 16. Jh.s Bezeichnung für ein junges Mädchen. Der Backfisch ist ein junger Fisch, der gerade groß genug ist, um gegessen zu werden, und gebraten noch besonders zart und knusprig ist.

52,15 *Frieren:* Schüttelfrost.

52,17 *Perücken:* von frz. perruque, das dieselbe Bedeutung hat. Hier und 86,28 f. metonymisch vom Kennzeichen des richterlichen Standes für dessen Träger gebraucht. Für Götz' Zeit sind Richterperücken ein Anachronismus (vgl. den Brief von Bretschneiders, Kap. VI).

52,19 *Sapupi:* von Goethe gewähltes Anagramm für den Assessor Papius (latinisiert aus ›von Pape‹), der 1774 wegen begangener Unkorrektheiten vom Reichskammergericht in Wetzlar entfernt wurde. Zur Zeit von Goethes Aufenthalt in Wetzlar schwebte der Prozeß noch. Wie aus zeitgenössischen Briefen hervorgeht, wurde die Anspielung verstanden.

52,25 *Maulaffen:* Das nddt. ›mūl apen‹ ergab statt des richtigen hdt. ›Maul offen‹ die neue Rasse der ›Maulaffen‹. Luther erklärt: »Ein man, dem das maul aufgesperret stehet, den wir auf deudsch nennen maulaffen«.

52,27 *Vernehmen:* Einvernehmen.

52,29 f. *Geldspiel:* eine Menge Geld.

52,30 *Reverenz:* von lat. reverentia, daher korrekter Femininum: Ehrerbietung, Verbeugung.
Prokurator: Anwalt, Staatsanwalt, Prozeßvertreter.

52,32 *Kaiserliche Visitationen:* Kontrollbesuche bei den Gerichten durch den Kaiser bzw. seine Beauftragten.

52,35 *Blechen:* Blech hieß Geld in der Gaunersprache, wovon die Studentensprache des 18. Jh.s blechen, ›zahlen‹, ableitete. Stellen wie diese haben das Wort dann allgemein verbreitet.

52,39 *Goldgulden:* Der Gulden hat seinen Namen vom verwendeten Metall: der Goldene (vgl. Anm. zu 39,27). Die oberdt. Form ohne Umlaut ist herrschend (vgl. jedoch 53,18). Da die urspr. Bedeutung verblaßt war, kann hier

›Gold‹ noch einmal davorgesetzt werden wie bei Goldmark, Golddollar usw.

53,7 *eines Haus: eines* ist hier Gen. zu ›man‹: das Haus von unsereinem, von mir und meinesgleichen.

53,10 *roten Heller:* kleine Münze, deren ohnehin geringer Wert durch die dazugesetzte Farbe des Kupfers noch eigens betont wird. Seinen Namen hat er vom ersten Prägeort, Schwäbisch Hall.
Sack: Hosentasche (vgl. Anm. zu 28,23).

53,12 *'s Wasser an die Seele ging:* Vgl. Ps. 69, 2; 124, 5.

53,21 *scheel:* weil es nach beiden Seiten zugleich blickte.

53,23 *ungerügt:* ohne gerichtliche Verfolgung. Mhd. rüege ist die Anklage, rüegen heißt anklagen, beschuldigen.

53,25 *Speier:* Die freie Reichsstadt Speyer war von 1513 bis 1689 Sitz des Reichskammergerichts.

53,40 *Beerheim:* fiktiver Ortsname.
Mühlbach: Von den vielen Orten dieses Namens kommt am ehesten Mühlbach bei Karlstadt in Frage.

54,2 *Gott grüß euch! Helf uns allen . . .:* Gott grüße euch! Er helfe uns allen . . .

54,4 *Nacht-Ims:* verkürzt aus ›Nacht-Imbiß‹, wie es richtig in Götz' Autobiographie heißt. Goethes Form beruht auf einer Anmerkung des Pistorius, der folgende (falsche) Etymologie bringt: »Imbiß kommt her von Ims, so ein Alt-Teutsches Wort ist, und ein Zugemüs bedeutet, nachgehends aber vor eine ganze Mahlzeit gebrauchet worden; wie man dann sagt: Nacht-Ims, h. e. Abend-Mahlzeit, Mittag-Ims, h. e. Mittag-Mahlzeit« (S. 15).

Dritter Akt

Augsburg. Ein Garten

54,25 f. *weil kein Fürst . . . so klein ist, dem nicht mehr . . .:* Mischkonstruktion aus ›weil kein Fürst so klein ist, daß ihm nicht mehr‹ und ›weil es keinen noch so kleinen Fürsten gibt, dem nicht mehr‹.

54,26 *Grillen:* Launen, Wunderlichkeiten, Einfällen.

54,29 *Allerdurchlauchtigster:* Mhd. erliuhten, ›erleuchten‹, hat neben dem Part. erliuht das Part. erlûht, das nhd. zu ›erlaucht‹ wird. ›Erlaucht‹ wird als Lehnübersetzung von lat. illustris zum fürstlichen Ehrentitel. Die Steigerung perillustris wird im Titel Glied für Glied als ›durchlaucht‹

übersetzt. Dies wurde als Subst. aufgefaßt, zu dem ein neues Adj. durchlauchtig gebildet wurde. Dessen Superlativ wurde dann zur speziellen Anrede regierender Fürsten. Für den Kaiser als den höchsten der Fürsten wurde dann eine neuerliche Steigerung erfunden: Allerdurchlauchtigster.

54,33 f. *unser dreißig:* dreißig von uns; vgl. *unser sechzehn* in 61,22 und *Ihrer funfzig* in 62,35.

54,34 *Frankfurter Messe:* Die Frankfurter Messe war bis zum Anfang des 18. Jh.s die wichtigste deutsche Messe und hatte schon im Mittelalter europäische Bedeutung.

54,34 f. *im Bambergischen Geleite:* im Gebiet und unter dem Schutz des Bamberger Bischofs, der dort für das sichere Geleit zuständig war (vgl. Anm. zu 42,14).

55,3 *verdorbene:* ruinierte.

55,13 *Pfeffersack:* Der internationale Gewürzhandel war damals der einträglichste Handel und Pfeffer das wichtigste dieser Güter.

55,13 f. *das ganze Reich aufmahnen:* die Truppen des Reichs ins Feld rufen (wie es dann später in kleinerem Umfang in der *Reichsexekution* 57,21 ff. erfolgt).

55,22 ff. *Köpfe der Hydra:* Die Hydra war ein vielköpfiges Ungeheuer der griech. Sage, dem für jeden abgeschlagenen Kopf zwei neue Köpfe wuchsen. Herakles konnte sie nur besiegen, indem er nach Abschlagen eines Kopfes den Stumpf sogleich ausbrannte. Weislingens Rat, *mit Feuer und Schwert* vorzugehen, bleibt also im Bild.

55,32 *Edeln:* hier in der alten Bedeutung ›Adlige‹, so auch 56,14.

56,6 f. *ehe ... bis:* Mhd. stehen ê (nhd. ehe) und êr (nhd. eher) ohne Bedeutungsunterschied nebeneinander. Die Differenzierung vollzog sich erst im 18. Jh., so daß ›ehe‹ für heutiges ›eher‹ hier noch nicht ungewöhnlich ist (vgl. 23,39 und Anm. zu 20,29).

56,11 f. *Schwindelgeist:* schwindeln = taumeln hat die Nebenbedeutung ›unbesonnen handeln, Unausführbares planen‹. Schwindelgeist wird daher – ohne jeden Nebensinn des Betrugs – vom Streben nach politischen Neuerungen gebraucht, wie es den konservativen Zeitgenossen als utopisch erscheint. So setzt Weislingen den *Schwindelgeist* der *hergebrachten Oberherrschaft* entgegen (Zeile 16).

56,14 *Leibeignen:* Aus mhd. Wendungen wie ›eigen vom lîp,

mit dem lîbe eigen‹ entwickelte sich das Adj. lîpeigen, nhd. leibeigen. ›Leib‹ hat darin noch die urspr. Bedeutung Leben, die das Wort verlor, als das alte Wort für Körper, Leichnam, nur noch den toten Körper bezeichnete und Leib (= Leben) die Bedeutung lebender Körper übernahm. Das Adj. leibeigen bezeichnete die persönliche Abhängigkeit des Bauern von seinem Herrn, die ihn zu persönlichen Frondiensten neben seinen Abgaben verpflichtete. Die Leibeigenschaft war in Süd- und Westdeutschland weniger ausgeprägt als in den Kolonisationsgebieten Ostdeutschlands. Aufgehoben wurde sie Ende des 18. und Anfang des 19. Jh.s. Zur Zeit des Erscheinens des »Götz« berührte diese Stelle also ein durchaus aktuelles Problem.

56,21 *Urfehde schwören:* Eid ablegen, keine Fehden mehr zu führen (›Urfehde‹ entstanden aus ›ûʒ-vêde‹ = Zustand, in dem die Fehde ›aus‹ ist.

56,23 *Bann:* Bereich der eigenen Gerichtsbarkeit, d. h. das ihnen gehörende Gebiet.
Session: Sitzung (hier: des Reichstags).

Jagsthausen

56,29 f. *Ja, ich komme ...:* Vgl. dazu den Abschnitt aus »Dichtung und Wahrheit«, III, 12 (zitiert in Kap. V).

56, 31 *kommen:* ›kommen‹ bildet wie ›bringen, finden, treffen, werden‹ mhd. sein Perfektpartizip ohne ge-. Solange die perfektivierende Wirkung dieser Vorsilbe noch empfunden wurde, wurde sie bei diesen Verben nicht gebraucht, die vom Sinn her schon perfektiv sind. Solche Formen haben sich sehr lange gehalten; im »Götz« findet sich z. B. außer *kommen* noch *worden* (57,5; 91,6 f.).

56,34–37 *Ich hab ... Nahrung zu suchen:* Wieder einmal wird Weislingen mit einem Vogel verglichen (vgl. auch 31,30 und 49,33 und die Bilder vom Vogelfang in 38,22; 39,3; 39,6; 41,4).

Lager der Reichsexekution

57,21 *Reichsexekution:* die mit der Durchführung der Acht beauftragten Truppen (vgl. 58,27).

57,24 f. *gemessene Order:* ausdrücklicher, genau begrenzter Befehl, von frz. ordre, ›Befehl‹. Die frz. Schreibung ist in 82,16 beibehalten.

57,35 *Lappen:* Rockschoß.
58,4 *Brief:* die Achterklärung (vgl. 58,26 ff.). Brief, von lat. brevis, ›kurz‹, bezeichnet urspr. jedes kurze Schreiben, vor allem Urkunden (vgl. die Redewendung ›mit Brief und Siegel‹ und Wörter wie ›Adelsbrief‹). Hier paßt die alte wie die neue Bedeutung, ebenso Zeile 26. 82,1 wird die Bedeutung ›Urkunde‹ deutlich.

Jagsthausen

58,17 *Weißfisch:* Vgl. Anm. zu 38,36.
58,20 *gebeizt:* Für manche Fleischgerichte wird das Fleisch vor dem Braten einige Zeit in eine Beize gelegt, eine aus Essig und Gewürzen bestehende Marinade. Das macht das Fleisch mürbe und verkürzt die Kochzeit.
58,26–29 *Der Kaiser ... vorschneiden soll:* gemäß der alten Achtformel: »Wir teilen deinen Leib und dein Fleisch den Tieren in den Wäldern, den Vögeln in den Lüften und den Fischen in dem Wasser.«
58,32 f. *Eure großen Anschläge:* Vgl. Anm. zu 3,16.
59,1 *Vorwort:* Fürsprache.
59,18 f. *guten Hirten ... Mietlinge:* Der Gegensatz ›guter Hirte – Mietling‹ nach Joh. 10, 11–14.

Jagsthausen

61,23 *in willens:* häufige Kontamination (Vermischung zweier Konstruktionen) aus ›willens‹ und ›in willen‹.
61,24 *nachrucken:* Im Oberdt. findet sich der u-Umlaut in der Verbindung mit -ck nicht, vgl. Innsbruck, Rucksack usw.
61,29 f. *mit der Hand in die Kohlen geschlagen:* entspricht der verwandten Redensart ›sich die Finger verbrennen‹, mit deren Hilfe schon Pistorius diese von Götz wiederholt gebrauchte Redewendung erläutert.
61,34 f. *meines kleinen Häufchens übel gewahrt gewesen:* urspr. Konstruktion von ›wahren‹ mit Gen. = aufpassen auf, behüten, beschützen. Hier: es wäre uns übel ergangen.
62,2 *gefleischt hat:* eine Fleischwunde gegeben hat.
62,26 *Remlin:* fiktiver Ortsname oder Kurzform für Remlingen in der Nähe von Würzburg (vgl. die Karte zum Schauplatz, Kap. II).

62,30 *funfzig:* ältere, umlautlose Form des heutigen fünfzig, die auch dem fuffzig der Umgangssprache zugrunde liegt. Der Umlaut flektierter Formen von funf wurde in den Nom. übernommen, von wo aus er auch in ›funfzehn‹ und ›funfzig‹ eindrang.

62,32 *Reichsvölker:* Reichstruppen, Soldaten des Reichs.

Wald an einem Morast

63,4 *Urlaub:* Erlaubnis (sich zu entfernen). Im auf der ersten Silbe betonten Subst. hat sich die volle Form der alten Vorsilbe erhalten (ahd. urloup), im auf der Stammsilbe betonten Verb ist sie zu ›erlauben‹ (ahd. irlouben) abgeschwächt.

63,5 *Notdurft:* bezeichnet urspr. die Dinge, deren man in der Not bedarf. Hier ist es schon modern als Euphemismus gebraucht.

dem blinden Lärmen: dem blinden, falschen Alarm.

63,15 *Überschlägen:* Umschlägen.

63,29 *Rohr:* Schilf, wie es an sumpfigen Teichrändern wächst.

63,38 *krepiert:* in der Soldatensprache des Dreißigjährigen Krieges aus ital. crepare, ›verrecken‹, entlehnt. Das Krepieren von Granaten geht auf dasselbe lat. Grundwort zurück: crepare, ›krachen, platzen‹.

Memme: Feigling (seit Luther gebräuchlich). Die Ausgangsbedeutung ist wohl ›weibischer Mann‹, von ›memma‹ oder ›mamma‹, dem Wort der Kindersprache für ›Mutter, Mutterbrust‹.

64,3 *Schont meines Lebens!:* ›schonen‹ mit dem Gen. ist die urspr. Konstruktion. Der Akk. wurde erst im 18. Jh. die Regel.

64,10 *Federbusch:* die aus Federn bestehende Helmzier.

64,11 *huben:* ältere Form des Präteritums von ›heben‹; ›hoben‹ daneben seit dem 17. Jh.

Lager

64,12 ff. *Erster Ritter ... Zweiter Ritter:* Sie entsprechen den *Offizieren* der Szene 57,21 ff., wie die spöttische Frage an den Zweiten Ritter zeigt.

64,20 *Zinken:* die Enden am Hirschgeweih (vgl. Zeile 21).

Beim Zusammenprall kämpfender Hirsche können sie brechen.

abgerennt: rennen ist eins der Verben, bei denen der Umlaut nur im Präsens vorkommt und die nicht umgelauteten Formen sich erhalten haben. Beim Perfektpartizip ›gerennt‹ handelt es sich um eine der Ausgleichsformen zugunsten des Umlauts, wie sie im 18. Jh. bisweilen vorkommen (vgl. Anm. zu 21,9 und das Sprichwort: »Wenn man den Wolf nennt, kommt er schon gerennt«).

64,21 *Daß dich die Pest!:* Ergänze: holte. Die Ellipse (der unvollendete Abbruch eines Satzes) ist bei Verwünschungen und Flüchen sehr häufig.

64,28 *Feldscher:* Wundarzt.

Jagsthausen

65,7 *und soll die Hasenjagd angehn:* umgangssprachl. Inversion nach ›und‹. Die Wortstellung ist dann so, wie sie z. B. nach ›auch‹ die Regel ist.

Lager

65,19 *Schliche:* hier in der Bedeutung ›Schleichwege‹, wie sie auch in der Wendung ›jemandem auf die Schliche kommen‹ anklingt (vgl. 102,12).

65,29 *es macht warm:* Übernahme der frz. Konstruktion il fait chaud, wie sie sich in süddt. Dialekten häufiger findet.

Gebirg und Wald

65,33 *mit hellem Hauf:* mit dem Haupttrupp (vgl. Zeile 25 f.). Dies war vor allem die Schlachtordnung der Bauernheere in den Bauernkriegen.

66,5 *gegen ihnen halten:* ihnen gegenüber anhalten (vgl. 66,13). ›gegen‹ steht urspr. mit dem Dativ. Goethe verwendet hier diese Konstruktion wohl, um ein mißverständliches ›gegen sie halten‹ zu vermeiden.

66,7 f. *patschen:* in die Hände klatschen, d. h. sie zwischen uns nehmen.

Heide

66,13 f. *impertinent:* unverschämt. In der Juristensprache aus spätlat. impertinens, ›nicht zur Sache gehörig, ungehörig‹, entlehnt, wurde es in andere Bereiche übernommen.

66,17 *Ansehn:* Aussehen.

Eine Höhe mit einem Wartturn

67 f. *Eine Höhe mit einem Wartturn:* Die Schilderung des auf einer Bühne in dramatischer Form schwer darzustellenden Kampfes von einem Beobachtungsposten aus ist nach dem Vorbild von Ilias III (›Teichoskopie‹ = Mauerschau) ein beliebtes Verfahren im Drama; vgl. etwa Shakespeare, »Julius Caesar« V, 3; Schiller, »Wilhelm Tell« IV, 1, »Jungfrau von Orleans« V, 11; Kleist, »Prinz Friedrich von Homburg« II, 2. Im »Götz« findet sie sich knapper noch einmal in 78,18 ff. Wie Otto Brahm gezeigt hat (s. Kap. IX), ist die Teichoskopie einer der vom Sujet geforderten stereotypen Züge des Ritterschauspiels in »Götz'« Gefolge.

67,3 *hieher:* hierher. ›hie‹ war die häufigere Form; ›hier‹ stand nur vor vokalischem Anlaut. Im 17. Jh. verdrängte dann ›hier‹ das alte ›hie‹ völlig; erhalten blieb lediglich ›hienieden‹ (vgl. Anm. zu 20,29).

67,4 f. *braucht unser:* braucht uns. Eine der altertümlichen Genitivkonstruktionen, wie sie häufig im »Götz« begegnen.

67,6 *Warte:* wird von Pistorius in seiner Anm. 85 erläutert: »Bedeutet eigentlich einen solchen Ort, wo man auf die Feinde gewartet, und von welchem man auf die Einfälle derselben acht haben, und diese bey Zeiten entdecken können; Man hat insgemein einen Thurn hingebaut und sich hinein gelegt, der hernach die Warte genennet worden, specula«.

67,9 *reichen:* erreichen. Die Verwendung des Simplex anstelle des Kompositums wirkt altertümlich (vgl. 96,7).

67,16 *wetter:* donner. Die mundartliche Bedeutung von ›Wetter‹ ist vielfach die von ›Gewitter‹. Erst durch diese Nebenbedeutung von ›Wetter‹ ist das urspr. neutrale Wort ›Gewitter‹ zu seiner heutigen Festlegung auf Donner und Blitz gekommen.

68,5 *Fähndrich:* Fähnrich, Fahnenträger. Das d ist als Gleitlaut eingeschoben wie in nddt. Hen-d-rik.

68,30 *flohe:* Vgl. Anm. zu 34,31.
69,2 *Strauß:* Kampf, Gefecht (mhd. strûȝ).

Lager

69,6 ff. *umbringen! ... Mann!:* In den ersten Drucken von 1773 und 1774 hieß es hier: ... *umbringen, ihr tausend sakerment! Was, fortzulaufen! Er hatte keine handvoll Leute mehr! Fortzulaufen wie die Scheiskerle! Vor einem Mann.* Auf diese Stelle bezieht sich Wieland in seiner Kritik (vgl. Kap. VI).
69,9 f. *von unsern zerstreuten Knechten:* Ausgelassen ist ›diesen oder jenen, den einen oder andern‹.
69,11 *Scharten auswetzen:* Scharten, d. h. Kerben in Klingen, mußten mit Wetzsteinen (= Schleifsteinen) ausgeschliffen werden. Waren sie zu tief, blieb von der Klinge nicht mehr viel übrig (vgl. Zeile 12).

Jagsthausen

69,18 *nach Weilern:* In der Nähe von Götz' Jagsthausen gibt es keinen Ort dieses allgemein verbreiteten Namens.

Jagsthausen

70,26 *zärtlicher als vorsehend:* Der Komparativ entspricht in älteren Texten in dieser Verbindung heutigem ›mehr zärtlich als‹.
70,31 f. *wetterwendisch:* unbeständig wie das Wetter. Das Wort geht auf Luther zurück und wurde durch dessen Einfluß verbreitet.
71,4 *Reichsfähnlein:* Reichstrupp. Metonymisch wurde der Name der Fahne auf die um sie Gescharten übertragen.
71,15 *Biet:* wie 102,11 verkürzt aus ›gebiete‹ oder ›entbiete‹ = bestelle, richte aus (so 74,27).
71,23 *Extremität:* äußerste Notlage.
72,3 f. *du wirst mit mir ...:* Vgl. Matth. 15, 14.
72,21 *Piken:* Spieße, Lanzen, entlehnt aus frz. pique, ›der Spieß‹. Das Blatt dieses Spießes ist das Symbol der gleichnamigen Kartenfarbe.
73,2 *er kann mich – – –:* Die Striche erst seit dem Nachdruck, der Wieland bei seiner Rezension vorgelegen hat (vgl.

Kap. VI). Die von Goethe betreuten Ausgaben von 1773 und 1774 bieten statt der drei Striche: *im Arsch lecken.*

Belagerung. Küche

73,12 *auf einen gewissen Punkt halten:* bis zu einem gewissen Punkt aushalten.

73,13 *Kapitulation:* Kirchenlat. capitulum (Verkleinerung von caput, ›Haupt‹) bedeutete ›Hauptabschnitt einer Schrift‹. Kapitulation hieß daher nach seinen Hauptpunkten ein völkerrechtlicher Vertrag. Diese Bedeutung engte sich dann auf den Vertrag ein, der zwischen Belagerten und Belagerern bei der Übergabe einer Festung geschlossen wurde.

Saal

74,3 f. *so entgeht keiner ...:* Vgl. Hiob 1, 15.16.17.19.

74,30 *ritterlich Gefängnis:* Gefangenschaft, wie sie einem Ritter zukommt. Mhd. gevancnisse bedeutet Gefangennahme, Gefangenschaft. Auch hier ist eine Gefangenschaft gemeint, die Götz dann in einem Gasthof zubringt. Vgl. 78,27 und Götz' Autobiographie, Kap. IV, 1.

74,35 *mit Manier:* auf (anständige) Weise; von afrz. maniere, ›Art, Betragen‹, das seit dem 17. Jh. auf ›gutes Betragen, gute Sitten‹ eingeschränkt wurde.

Saal

75,1 ff. *Saal ...:* Schumann hat in seinem Aufsatz (s. Literaturhinweise) gezeigt, daß viele der in dieser Szene geäußerten Gedanken auf Schriften von Friedrich Karl von Moser zurückgehen.

75,10 *Sache:* hier im alten Sinn von ›Streitfall‹.

75,17 *Ich lieb ihn, ... Schicksal:* Vgl. Anm. zu 3,2. Friedrich Engels paraphrasiert gleichsam diese Stelle, wenn es in »Der deutsche Bauernkrieg« (1850) vom Ritterstand in dieser Zeit heißt: »Er sah zu gleicher Zeit, in demselben Maß wie er sank, auch die Reichsgewalt sinken und das Reich sich in eine Anzahl souveräner Fürstentümer auflösen. Sein Untergang mußte für ihn mit dem Untergang der Deutschen als Nation zusammenfallen« (Marx/Engels: Werke. Bd. 7. S. 373).

75,26 ff. *was soll . . . Freiheit!:* Vgl. 111,28 f.
75,36 *viel anders:* sehr anders; ›viel‹ ist hier Adverb.
76,14 *Bursche:* Pl. zu Bursch (Vgl. Anm. zu 16,3).
76,15 *wohlhäbigen:* wohlhabenden. Das wie ›behäbig‹ (urspr. ›gehäbig‹) gebildete Adj. entstand etwa gleichzeitig mit dem Part., das sich dann durchgesetzt hat. Der Umlaut ist durch das -ig der Endung bedingt.
76,18 *ergetzte:* Zu mhd. ergeʒʒen, ›vergessen‹, gehörte ein faktitives Verb ergezzen, ›vergessen machen‹. Über die Bedeutung ›Leid vergessen machen‹ ergab sich der heutige Sinn. Die Rundung des e zu ö hat sich erst im 19. Jh. endgültig durchgesetzt.
76,24 *erbt:* sich vererbt; vgl. in der »Iphigenie«: »Es erbt der Eltern Segen, nicht ihr Fluch.«
76,28 *reiten:* wie 91,39 im Sinne von ›ausreiten‹ (53,33), ›in den Kampf ziehen‹.
76,29 *keine unruhige Köpfe:* Starke Adjektivformen nach Artikeln oder Pronomina sind in der Erstausgabe des »Götz« überaus häufig. Sie wurden in der Ausgabe von 1787 fast vollständig beseitigt.
76,35 f. *Cherubim mit flammenden Schwertern:* Vgl. 1. Mose 3, 24.
76,38 f. *unsers teuern Kaisers sehr ausgesetzte Länder:* Vgl. Anm. zu 22,20. Der historische Götz nahm 1542 an einem erfolglosen Feldzug gegen die Türken teil.
77,9 f. *Gewehr:* hier die Gesamtheit der Waffen.

Schloßhof

77,25 *traun:* Der mhd. Ausruf entriuwen, ›in Wahrheit‹, verliert die unbetonte Vorsilbe. In Mitteldeutschland wurde iuw zu ûw, das nhd. zu au diphthongiert wurde. Durch Luther wurde dann die Form ›traun‹ allgem. verbreitet.

Vierter Akt

Wirtshaus zu Heilbronn

78,29 f. *Ich komme mir vor . . . fruchte mir nichts:* Im Volksglauben gab es die Vorstellung, böse Geister könnten in Säcke gebannt und so fortgeschafft werden. In der »Geschichte Gottfriedens« von 1771 heißt es nach *beschwur* etwas ausführlicher: *und nun in wilden Wald trägt, ihn an der ödesten Gegend zwischen die Dornsträuche zu bannen.*

78,30 *Kapuziner:* Mönch des Bettelordens der Kapuziner, der seinen Namen von der spitzen Kapuze an der Kutte hat.

78,30 f. *Ich ... fruchte mir nichts:* entspricht unpersönlichem ›es fruchtet mir nichts‹ = trägt mir keine Frucht, nutzt mir nichts.

79,7 ff. *Ist das Belohnung ... Erden!:* Vgl. 2. Mose 20, 12; Epheser 6, 2 f. Bei dem patriarchalischen Verhältnis zwischen Götz und seinen Dienern sind sie seinen Kindern gleichgestellt.

79,13 *die deputierten Räte:* ›deputieren‹ von lat. deputare bedeutet hier ›abordnen‹. Sie sind vom Kaiser abgeordnet als *Kommissarien* (Zeile 34; vgl. Anm. zu 31,10).

79,15 *Wie dem Schwein ...:* Vgl. Spr. 11, 22.

79,16 *geschlossen:* in Fesseln, in Eisen; vgl. Schloß.

79,27 *gestellt:* eingestellt, in der Stimmung.

79,32 *Kehrig:* Kehricht, Substantiv zu ›kehren‹ = fegen: das Zusammengekehrte. Luther schrieb ›Kehrich‹; das -t ist frühnhd. an das -ch angetreten (vgl. Anm. zu 27,23).

Rathaus

80,11 *Weinschröter:* Männer, die Weinfässer transportieren; von ›schroten‹ = wälzen.

80,12 *wohl beschlagen:* wahrscheinlich vom Pferd auf den Menschen übertragen: ausgerüstet, ausgestattet.

80,30 *armen Sündern:* zum Tode verurteilten Verbrechern.

81,21 *abschwören:* nicht als Negation von ›schwören‹ zu verstehen (seinem Glauben abschwören), sondern als Analogiebildung zu ›ablesen‹: Götz' Schwur soll dem ihm vorgelegten Text folgen.

81,40–82,2 *»Ich Götz ... aufgelehnt«:* Wörtlich nach einer vom historischen Götz beschworenen Urfehde von 1530, die Pistorius und von Berlichingen-Rossach (s. Kap. IX) mitteilen.

82,1 *Brief:* Vgl. Anm. zu 58,4.

82,5 *das Reich:* Gemeint sind wohl die Reichsstände. In Götz' Utopie 76,20–77,2 ist das Wohl des Reichs ja von entscheidender Wichtigkeit. Es zu bewahren und zu fördern ist für Götz die Aufgabe, für die sich der Einsatz des Lebens wirklich lohnt.

82,17 *Entstehungsfall:* Weigerungsfall. ›entstehen‹ bedeutet hier ›von etwas abstehen, sich weigern‹.
82,31 *Konterfei:* Bild, Entlehnung von frz. contrefait, ›nachgebildet, nachgeahmt‹. Der Rat trug wohl an seiner Amtskette eine Schaumünze mit des Kaisers Bild.
82,32 *mir den Räuber fressen oder dran erwürgen:* Der Rat soll den soeben ausgestoßenen Vorwurf ›Räuber‹ willig zurücknehmen (fressen) oder, falls er sich weigert, an ihm ersticken (›erwürgen‹ ist hier passiv gebraucht). ›mir‹ ist der in der Umgangssprache häufig gebrauchte dativus ethicus, der Dativ der inneren Anteilnahme (vgl. auch 104,21 *Marie soll mir zu ihm*).
82,33 *ehrlichen Fehd:* Vgl. Anm. zu 8,29 f.
82,39 *wegzukapern:* ›Kaper‹ ist das aus dem Niederl. übernommene Wort für ›Seeräuber‹. Dazu wurde dann das Verb kapern gebildet.
83,6 *Wehren:* Schwerter (vgl. 83,16 u. 20).
83,10 *Meinung:* Absicht.
ungrischer Ochs: ungarischer Ochse. Diese Tiere galten wohl als besonders stark.
83,13 *der Erden:* alter schwacher Genitiv; vgl. auch 110,30 und den schwachen Dativ 111,11 *zur Erden.*
83,29 *Kompanie:* Gesellschaft, Begleitung, wie im kaufmännischen ›Companie‹. Zugrunde liegt mlat. companium aus ›con‹ (= mit) und ›panis‹ (= Brot): Leute, die vom selben Brot essen.
83,30 *die Versäumnis:* die verlorene Arbeitszeit.
84,3 *Schlag:* Stadttor.
84,12 *Mitleiden:* Lehnübersetzung von lat. compassio, die erst später zu ›Mitleid‹ verkürzt wird.
84,15 f. *die Gerechtsame vergeben:* auf die zustehenden Rechte verzichten.
84,32 *kein Leids:* ›Leids‹ ist Genitiv, abhängig von ›kein‹; vgl. die Konstruktion in 28,3.

Ein großer Saal auf dem Rathaus

85,24 *Terminei:* die eigenen Grenzen, wie *Bann* in 56,23.
85,30 *Reuse:* länglicher Korb mit engem Eingang zum Fischfang.
86,2 *Günstige Aspekten:* Aspekte (der schwache Plural ist ungebräuchlich) ist die astronomisch-astrologische Bezeich-

nung der Stellung von Planeten, Sonne, Erde und Mond zueinander. Günstige Aspekte sind somit glückverheißende Konstellationen. Hier ist diese astrologische Bezeichnung wohl metaphorisch gebraucht.

86,4 *sondieren:* untersuchen, erforschen. Das Grundwort Sonde bezeichnet sowohl das Eisen, mit dem der Arzt eine Wunde untersucht, als das Senkblei. Sondieren bedeutet deshalb sowohl das Abtasten, etwa eines Schußkanals, wie das Ausloten von Wassertiefen.

Trier: das Kurfürstentum und Erzbistum Trier, das Sikkingen 1522 angriff.

Pfalz: das Gebiet des Pfalzgrafen (vgl. Anm. zu 18,10 f.).

86,8 f. *so sollst du ... Kurfürsten sein:* Vgl. Anm. zu 3,16 und die Zeittafel, Kap. II.

86,28 ff. *Kommt zu den Perücken! ... Müh übernehmen:* Bis jetzt haben die Räte ihre Bedingungen Götz diktieren wollen, nun werden Götz und Sickingen die Vorschläge machen, denen die Räte sich dann beugen müssen. Inhalt des *Vortrags* ist 85,21 ff., wie 86,35 ff. zeigt, gaben die Räte nach.

Adelheidens Schloß

86,31 *Adelheidens Schloß:* Wie 88,15 zeigt, spielt die Szene am Hof und nicht auf Adelheids Schloß.

87,8 *Liebe Frau!:* Adelheid und Weislingen sind inzwischen verheiratet.

87,10 f. *Regimentsräten:* Räten des Reichsregiments, einer ständigen Vertretung der Reichsstände beim Kaiser, die deren Mitwirkung bei der Regierung des Reiches sichern sollte. Ein Reichsregiment bestand unter Maximilian von 1500 bis 1502 und später noch einmal zur Regierungszeit Karls V.

87,30 ff. *Karl, sein trefflicher Nachfolger:* König Karl I. von Spanien, Maximilians Enkel, geb. 1500, seit 1516 spanischer König, wurde 1519 zum deutschen Kaiser gewählt. Adelheids Zuneigung zu ihm (vgl. vor allem 88,20 ff.) ist neu in die Fassung von 1773 eingeführt, um den Verlust gegenüber der Urfassung an Quantität in Adelheids Liebesbeziehungen durch Qualität zu ersetzen.

87,39 f. *Kennst du mich für das?:* Siehst du mich aufgrund deiner Erfahrungen mit mir so an?

88,6 *hofiert:* den Hof macht. Das Subst. Hof wurde mit der von Fremdwörtern her bekannten Endung -ieren versehen.
88,40 *das fähig:* dazu fähig. ›fähig‹ steht hier mit dem Akk. statt mit dem üblichen Genitiv.
89,27 *Sinnen:* schwacher Plural, der im 17. und 18. Jh. die Regel war.

Jagsthausen

90,8 *schreib . . . aus:* schreib zuende.
90,10 ff. *verschaff . . . verkennen:* Einen Teil seiner Anziehungskraft auf Goethe und die Jugend im Sturm und Drang verdankt die Gestalt Götz' der Tatsache, daß er von seiner Zeit verkannt worden war oder wenigstens so schien (vgl. etwa Goethes Brief an Salzmann Kap. V). Man liebte es damals, wirkliches oder scheinbares Unrecht der Vergangenheit gutzumachen, etwa an Shakespeare, den der von der französischen Tradition bestimmte Geschmack lange Zeit verdammt hatte. Götz ist nicht die einzige Rettungsaktion Goethes in dieser Zeit. Der Aufsatz »Von deutscher Baukunst« ist ausdrücklich dem Andenken Erwin von Steinbachs gewidmet, und in ihm deutet Goethe die selbstverständliche Anonymität des mittelalterlichen Künstlers in Verkennung durch Zeitgenossen und Nachwelt um.
90,11 *Nachkommenschaft:* Nachwelt, wie in 111,34: die, die nach uns kommen.
90,22 *Bündischen:* Angehörigen des Schwäbischen Bundes.
90,33 f. *die von Miltenberg und Singlingen:* die Herren, die Ritter von Miltenberg und Singlingen. Bei Miltenberg ist wohl nicht an die gleichnamige Stadt zu denken, sondern es handelt sich, wie bei Singlingen, um ein fiktives Adelsgeschlecht.
91,15 *Reichsknechten:* Hasen (vgl. 65,7).
91,22 f. *Tod des Kaisers:* Maximilian I. starb 1519 (vgl. Anm. zu 3,2).
91,24 *Unsere Bahn . . .:* Wieder einmal betont Götz den Zusammenhang zwischen dem Schicksal des Kaisers und seinem eigenen (vgl. 75,17 und Anm. zu 3,2).
91,26 f. *Die Bauern . . . Aufstand erregt:* Der Bauernaufstand begann 1525.
91,37 *von meinen guten Herrn:* Ausgelassen ist ›manche‹ oder ›viele‹.

Fünfter Akt

Bauernkrieg. Tumult in einem Dorf und Plünderung

92,2 ff. *Bauernkrieg ...:* Goethes Darstellung des Bauernkriegs ist bewußt einseitig-verzerrend. Die einzige schwere Bluttat der aufständischen Bauern im südlichen Deutschland, die Vorgänge bei der Eroberung Weinsbergs (16. April 1525), wird ausführlich erzählt (92,20 ff.); gegenüber der Mordlust und Grausamkeit der Bauernführer Metzler und Link treten die Ursachen des Aufstands fast völlig zurück, wie sie in der Fassung von 1771 noch deutlich sichtbar werden (vgl. die entsprechende Szene Kap. III, 1). Ursula Wertheim (s. Kap. IX) schreibt dazu: »Je mehr, wie im Ur-Götz, den Ursachen wie den Geschehnissen des Bauernaufstandes an Bedeutung eingeräumt wurde, desto mehr mußte die Hauptfigur verlieren, weil ›der Mann, zu dem die Bedrängten sich wenden‹ (1. Aufzug, Martin), eben diese Bedrängten im Stiche läßt. Sollte der Held gewinnen, so mußte dies auf Kosten der Bauern geschehen, mußten die Ereignisse auf die Funktion einer historischen Kulisse herabgedrückt werden. Nur durch mordbrennerisches, vertragswidriges Verhalten der Bauern war Götzens Bruch der Übereinkunft zu motivieren. Entweder war der Götz-Komplex oder der Bauernkrieg-Komplex entsprechend dem in der ersten Fassung bereits zu Beginn angeschlagenen Ton konsequent durchzugestalten« (S. 111 f.).

92,19 *Kehraus:* urspr. scherzhafte Bezeichnung für den letzten Tanz, bei dem die langen Kleider der Tänzerinnen den Tanzboden fegten.

92,20 *Weinsberg:* Vgl. Anm. zu 92,2 ff.

92,22 f. *daß eine Lust war:* daß 's eine Lust war. Genauso lautete im Erstdruck die Stelle 33,23 *daß nicht zu sagen ist.*

92,25 *tanzte vor:* begann den Tanz. Das Bild vom Tanz (vgl. Zeilen 19 und 20) wird hier fortgeführt.

92,26 *mit hellem ... Hauf:* mit der geschlossenen Hauptmacht (vgl. 65,33).

92,28 f. *wie Wetter:* wie der Blitz (vgl. Anm. zu 67,16).

92,32 *trenteln:* trödeln.

93,2 f. *arme reiche Sünder:* Wortspiel aufgrund des festen Ausdrucks ›armer Sünder‹ für den zum Tode verurteilten Verbrecher (vgl. 80,30).

93,15 f. *weiten Naslöchern:* Zeichen des Hochmuts und der Verachtung anderer, häufig beim jungen Goethe. Vgl. das Briefgedicht an Gotter (Kap. V) und Werthers Brief vom 15. März, in dem er von »hergebrachten hochadeligen Augen und Naslöchern« spricht.
93,29 *schwürig:* aufrührerisch. Das Wort ist von ›swer‹ (= Schwäre) abgeleitet und zeigt in der Schreibung ›schwürig‹ den Vokal von Geschwür. Die Bedeutung ist von der eiternden Wunde auf die Meuterei übertragen. Die heutige Bedeutung von ›schwierig‹ ist durch die Anlehnung an ›schwer‹ entstanden.
94,10 *viel feurige helle Flamme:* Flamme ist kollektiver Sing. nach ›viel‹; vgl. viel Kohle. Goethes Quelle für die Schilderung des Kometen s. in Kap. IV, 2.
94,11 *rauchen:* rauhen, speziell behaarten (vgl. Rauchwaren = Pelzwaren).
94,13 *zwitzert:* flimmert.

Feld

95,3 *wütigen Hund:* tollwütigen Hund.
95,16 *Sattelhenkens Zeit:* Zeit, den Sattel an den Nagel zu hängen; einer der aus Götz' Autobiographie übernommenen Ausdrücke. Pistorius erläutert ihn dort: »Es galt hier keines zauderns oder außrastens, da man absattelte, und den Sattel aufhencken, mithin außruhen kan.« Genauso konstruiert ist 99,29 f. *Säumens Zeit.*
95,18 *sieh zu deinem Schloß:* sorge dich um dein Schloß (als Drohung gemeint).
95,39 *an alle Haufen zu senden:* Zu ergänzen ist etwa: mit der Weisung.
96,6 *außer:* hier Gegenteil von ›in‹.
96,7 *Kehr:* kehr zurück (vgl. Anm. zu 67,9).
96,15 *haben zu tun und zu lassen:* haben das Recht, durch Tun oder Unterlassen zu handeln.
96,24 *zustehn:* zu euch halten.
96,27 f. *den Verträgern zusammen:* beiden Parteien, die den Vertrag geschlossen haben, gemeinsam.

Berg und Tal. Eine Mühle in der Tiefe

97,2 *der ganze Bund:* der Schwäbische Bund, dessen Truppen den Bauernaufstand in diesem Gebiet niederschlugen.

97,2 f. *Fehlen:* fehlschlagen, fehlgehen.
97,6 *pünktlich:* hier ›genau‹.
97,13 *umziehen:* einen Umweg machen.
Wasser: Wasserläufe.
97,14 *ausgetreten:* aus ihren Betten.

Jagsthausen

97,31 *Klagartikel:* Artikel (Absätze, Punkte) der Anklageschrift.
98,4 *Tathandlungen:* an sich neutral ›Taten‹, hier soviel wie ›Gewalttaten‹. ›That-Handlungen‹ als ›Tat‹ fand Goethe im Titel von Götz' Lebensbeschreibung in der Ausgabe von 1731.
98,14 *sein graues Haupt –:* Ergänze: abschlügen. Elisabeth wagt nicht, das Wort auszusprechen, ähnlich wie Marie in 105,36.

Bei einem Dorf

99,2 f. *fahr ihnen ... durch den Sinn:* durchkreuze ihre Pläne.
99,4 *mich erlassen:* Im 18. Jh. findet sich noch ›erlassen‹ mit dem Akk. der Person und dem Gen. der Sache. Hier wäre etwa zu ergänzen: meines Versprechens, meines Vertrages.
99,16 *nichts Gemeines:* nichts Gemeinsames, nichts gemein.

Nacht, im wilden Wald. Zigeunerlager

100,20 *hint:* aus dem Dativ-Lokativ entstandene Form: in dieser Nacht, heute Nacht. ›hint nacht‹ enthält Nacht mithin doppelt.
100,25 *bissen:* aus ›gebissen‹ durch Ausfall des e und Assimilation des g.
100,26 *loh:* hell; im 18. Jh. gebildet zum Subst. Lohe, ›Flamme‹. Vgl. *lichterloh* (Zeile 33), das aus dem genitivus absolutus ›lichter Lohe‹ (= in lichter Lohe) entstanden ist.
100,30 *geheischen:* gebettelt. ›heischen‹ wird meist schwach flektiert.
101,1 *den wilden Jäger:* der germanische Gott Wotan, der nach dem Volksglauben mit einem Totenheer auf Jagd zieht.

101,6 *des Teufels sein Gepäck:* viel Gepäck (vgl. Zeilen 10 ff.). Die Besitzerangabe ist verdoppelt durch die Vermischung von des Teufels Gepäck mit der umgangssprachl. Konstruktion ›dem Teufel sein Gepäck‹.

101,13 *wullen:* wollen.

101,14 *Zunder:* getrockneter Baumschwamm, der besonders leicht Feuer fängt und deshalb zusammen mit Schwefel zum Feuermachen dient. Der Name ist mit ›zünden‹ verwandt.

101,20 *verbluten:* bluten aus.

101,21 *du endigst:* ›endigen‹ hier aktiv: ein Ende machen.

101,22 *Ist's Friede ...:* nach 1. Sam. 16, 4. Goethe bedient sich hier der biblischen Wendung als altertümlicher Grußformel.

Hauptmanns Zelt

101,34 *Blutwurzel:* blutstillende Wurzel, die auch Götz in seiner Autobiographie erwähnt.

102,14 ff. O *Kaiser! ... treu!:* In Götz' Ausruf berühren sich die Extreme der damaligen Gesellschaft (vgl. das Personenverzeichnis S. 3 f.). Das Kaisertum im alten Sinne hat sich überlebt; der Kaiser liegt im Sterben, und wer ihm in der hergebrachten Weise ›kindlich‹ treu geblieben ist, befindet sich plötzlich außerhalb der Gesellschaft, bei den Zigeunern, den Geächteten, den ›outlaws‹ der Zeit, weil die übrige Gesellschaft, von den Fürsten bis zu den Bauern, sich gewandelt und weiterentwickelt hat. Solche Sympathie mit den ›Wilden‹ außerhalb der Gesellschaft, den Ausgestoßenen und Geächteten, ist zudem typisch für den Sturm und Drang.

102,18 *überwältigen:* Der absolute Gebrauch ohne Akkusativobjekt ist ungewöhnlich.

102,24 *sprengt:* faktitive Bildung zu ›springen‹ (wie ›senken‹ zu ›sinken‹). Die urspr. Bedeutung ist also ›springen machen‹ (z. B. sein Pferd).

Adelheidens Schlafzimmer

103,10 *Als:* wie. Die Stelle 40,21 hatte im Erstdruck auch *als* statt *wie*, was Goethe aber später änderte.
Auf ihre Güter soll sie: Gemeint sind nicht die Besitzun-

gen, die Adelheid in die Ehe gebracht hat, sondern Weislingens Güter (vgl. 97,7 ff. und 103,17 und 23).

103,27 *Eh alles!:* vor allem andern. Eine andere Möglichkeit ist, es auf Adelheids Worte in den Zeilen 22 ff. zurückzubeziehen: Eher alles (als das)! Zu ›eh‹ = eher vgl. Anm. zu 56,6 f.

103,38 f. *»Brich auf, Franz, der Morgen kommt.«:* Letzter Anklang ans Tagelied (vgl. Kap. IV, 3), dessen Muster zwei Szenen im »Urgötz« folgen (vgl. Kap. III, 1).

Heilbronn, vorm Turn

104,7 *Meuter:* Meuterer.

104,16 ff. *Man hat mit unerhörten Exekutionen ...:* Die Niederwerfung des Bauernaufstandes war außerordentlich grausam und blutig. Sie wurde ergänzt durch die Festsetzung einer gigantischen Schadensersatzsumme, die von den Bauern erpreßt wurde und mit deren Hilfe die zerstörten Burgen wiederaufgebaut werden konnten.

104,17 f. *gerädert:* Bei der Todesstrafe durch Rädern, die vor allem gegen Räuber und Staatsverbrecher angewandt wurde, wurden dem Verurteilten die Glieder mit einem Rad zermalmt. Vielfach wurde er danach noch lebend ›aufs Rad geflochten‹, d. h. in die Speichen des Rades geflochten und zur Schau gestellt.

104,18 *geviertelt:* gevierteilt. Bei der Hinrichtungsart des Vierteilens wurde der Verurteilte von Pferden, die man an seine Arme und Beine gebunden hatte, in vier Teile zerrissen.

104,19 *Metzge:* Metzgerei, Schlachthaus.

Weislingens Schloß

105,13 f. *Sie stirbt, ... zeigt sich mir an:* Weislingens Irrtum beruht auf dem Volksglauben, Sterbende erschienen andern in der Todesstunde, um ihren Tod anzuzeigen. Vgl. in der Erstfassung (Kap. III) die Szene »Adelhaidens Schlafzimmer«, in der sich Franz in seiner Todesstunde seiner Mörderin »anzeigt«.

105,34 *verkranket:* stirbt an einer Krankheit.

107,18 f. *ersterben:* Aktualisierung von ›sterben‹, wie ›erblicken‹ von ›blicken‹.

107,22 *Blick:* hier wohl die urspr. Bedeutung ›Strahl‹ (vgl. »Werther« im Schlußkapitel: »den Blick vom Pulver«).

In einem finstern engen Gewölbe

107,25 ff. *In einem ... Gewölbe:* Als Jurist war Goethe aus rechtshistorischen Studien mit dem Femgericht vertraut (vgl. dazu Kap. IV, 4). Goethe hat aber gerade die eindrucksvollsten Züge erdichtet: die nächtliche Gerichtssitzung an einem unheimlichen Ort, die Vermummung der Richter, das Heimliche und gerade deshalb so Unheimliche von Urteil und Vollstreckung. Diese Züge aber machten die kurze Szene mit ihrer altertümlich-formelhaften Sprache, ihrem rituellen Urteilsverfahren, der schaurigen Kulisse und den unheimlich vermummten Akteuren zur wirkungsvollsten des Dramas, wenn sie auch auf der Bühne bisweilen enttäuschte (vgl. Kap. VIII). Sie wurde deshalb in viele der im Gefolge des »Götz« entstandenen Ritterstücke übernommen und gab ihnen bisweilen den Titel. Zu dieser Beliebtheit trug das Interesse des 18. Jh.s für jede Art von geheimer Gesellschaft (vgl. Goethes »Wilhelm Meisters Lehrjahre« und Schillers »Geisterseher«) nicht wenig bei. Erwähnt wird das Femgericht in »Kaspar« von Törring, »Der Bürgeraufruhr« von Nagel, »Ritterschwur und Rittertreue« von Bösenberg und »Mathilde von Altenstein« von Sennefelder. Sitzungen des Gerichts werden dargestellt in »Das heimliche Gericht« von Huber, »Ida« von Komareck, »Käthchen von Heilbronn« von Kleist und im »Vehmgericht« von Klingemann. Klinger übertrug im Schauspiel »Otto« die Gebräuche der Goetheschen Feme auf die Inquisition (vgl. Otto Brahm: Das deutsche Ritterdrama des achtzehnten Jahrhunderts. Straßburg 1880. S. 145). Vgl. auch Scotts Ausführungen, Kap. VI.

107,30 *Sind eure Herzen rein und eure Hände:* Vgl. Ps. 24, 4.

108,13 *beutst:* alte Form von ›bietest‹ (vgl. Zeile 15). Germ. eu im Stamm wurde durch die Einwirkung der Flexionsendungen in ahd. iu und io gespalten. iu wurde zu nhd. eu, io zu ie. Später wurde dann nach dem Infinitiv der Ausgleich durchgeführt. Vgl. andere alte Formen wie ›zeuch‹ von ›ziehen‹.

108,19 *bezüchtigt:* bezichtigt. Goethes Form ist zu erklären als Anlehnung an ›Zucht‹.

Hof einer Herberge

109,4 f. *hellt sich aus:* erhellt sich völlig.
109,5 *haben ... zu gewarten:* haben Aussicht auf.

Heilbronn, im Turn

109,17 f. *Ist Lerse nach Georgen?:* Zu ergänzen ist: geschickt. ›schicken nach‹ bedeutet ›schicken, um jemanden holen zu lassen‹, vgl. 110,37 f.
109,26 f. *Meine Stunde ist kommen ... Sein Wille geschehe:* Vgl. Mark. 14, 41.56.
109,29 *Willt du:* veraltete Form von ›willst du‹, auf mhd. ›wilt‹ zurückgehend.
110,9 ff. *Die Fürsten ... belagert:* Vgl. Anm. zu 3,16.

Gärtchen am Turn

110,16 f. *Die Hand des Herrn liegt schwer auf ihm:* Vgl. Ps. 32, 4.
110,35 *meine Wurzeln ...:* Vgl. Matth. 3, 10.
111,6 *ich bin der Letzte:* Vgl. Anm. zu 3,6. Durch die Änderung gegenüber dem historischen Sachverhalt wird Götz symbolisch zum *Letzten* der *Edeln Tapfern* (Zeile 5; vgl. Zeile 12 f. und die Aufzählung in Zeile 26 f.).
111,20 f. *Lerse, verlaß sie nicht:* Anklang an Joh. 19, 26 f.
111,28 f. *Freiheit! Freiheit!:* Vgl. 75,27 ff.
111,32 ff. *Wehe dem Jahrhundert, ... verkennt!:* Vgl. Anm. zu 90,10 ff.

II. Zeittafel und Karte des Schauplatzes

um 1480 Geburt Gottfrieds von Berlichingen als Sohn Kilians von B. und Margarethas von Thüngen.

1494 Gottfried wird »Bube« bei Konrad von Berlichingen, einem Vetter Kilians von B., der Rat der Markgrafen von Brandenburg-Ansbach ist. In dessen Gefolge nimmt Gottfried

1495 am Reichstag von Worms teil. Erlaß eines »Allgemeinen Landfriedens«, »daß von Zeit dieser Ankündigung an niemand, von was Würden, Stand oder Wesen der sei, den andern befehden solle«. An die Stelle des Selbsthilfeinstruments der Fehde tritt das Reichskammergericht.

1496 Götz nimmt am Reichstag von Lindau teil.

1497 Tod Konrads von Berlichingen. Gottfried tritt in den Dienst des Markgrafen Friedrich IV. von Brandenburg-Ansbach.

1498 Teilnahme am Feldzug nach Hochburgund. Tod des Vaters.

1499 Teilnahme am Schweizer Krieg, den Maximilian erfolglos um die weitere Zugehörigkeit der Schweiz zum Reich führte.

1502 Kampf gegen Nürnberg im Gefolge des Markgrafen Kasimir von Brandenburg.

1504 Teilnahme am Landshuter Erbfolgekrieg zwischen Bayern und der Pfalz auf bayrischer Seite. Verlust der rechten Hand.

1509–11 Fehde gegen Köln wegen des dem Stuttgarter Schneider Sindelfinger vorenthaltenen Preises in einem Schützenwettbewerb 1505.

1512 Fehde Gottfrieds und mehrerer Verbündeter gegen Nürnberg, in deren Verlauf über Gottfried und seine Freunde die Reichsacht verhängt wird.

1513 Fehde des Schwäbischen Bundes gegen Götz.

1514 Götz und seine Freunde werden gegen Zahlung von 14 000 Gulden aus der Acht gelöst.

1515/16 Fehde Götz' gegen das Mainzer Stift, weswegen er

1518 abermals geächtet wird.

1519 Maximilian I. stirbt, sein Enkel Karl I. von Spanien wird als Karl V. Kaiser. Götz nimmt am Krieg Herzog

Ulrichs von Württemberg gegen den Schwäbischen Bund teil, wird bei einem Ausfall oder beim Abzug aus dem belagerten Möckmühl gefangengenommen und kommt in Heilbronn ins Gefängnis. Franz von Sickingen bewirkt, daß die Gefangenschaft in ritterliche Haft in einem Gasthof umgewandelt wird.

1522 Götz schwört Urfehde und kann sich auf seine 1517 erworbene Burg Hornberg zurückziehen. Dieser Urfehde verdankt er es, daß er nicht in den Aufstand der Reichsritter verwickelt wird, der unter Sickingens Führung 1522 mit der Belagerung von Trier beginnt und 1523 mit Sickingens Tod in seiner belagerten Festung Landstuhl endet.

1525 Götz nimmt vom 24. April bis zum 29. Mai gezwungen am Bauernkrieg teil.

1526 Götz rechtfertigt sein Verhalten auf dem Reichstag von Speyer und wird vom Reichskammergericht für schuldlos erklärt. Dennoch wird er

1528 vom Schwäbischen Bund in Augsburg gefangengesetzt.

1530 Beendigung der Gefangenschaft in Augsburg durch Schwören der Urfehde. Götz verpflichtet sich, das zu seiner Burg Hornberg gehörende Gebiet nicht mehr zu verlassen.

1540 Aufhebung des Hausarrests.

1542 Teilnahme am Feldzug Karls V. gegen die Türken.

1544 Teilnahme am Feldzug Karls V. gegen Frankreich. Nach dem Frieden von Crépy (19. September 1544) kehrt Götz auf die Burg Hornberg zurück.

1556 Abdankung Karls V.

1557 Götz beginnt mit der Niederschrift seiner Autobiographie.

1558 Tod Karls V.

1562 Götz stirbt am 23. Juli und wird im Kreuzgang des Klosters Schönthal beerdigt.

1731 Im Verlag Felßecker in Nürnberg erscheint die von Pistorius herausgegebene und mit Anmerkungen versehene Autobiographie zum ersten Male: »Lebens-Beschreibung Herrn Gözens von Berlichingen, Zugenannt mit der Eisern Hand«.

1771 Goethe schreibt innerhalb von sechs Wochen die »Geschichte Gottfriedens von Berlichingen mit der eisernen

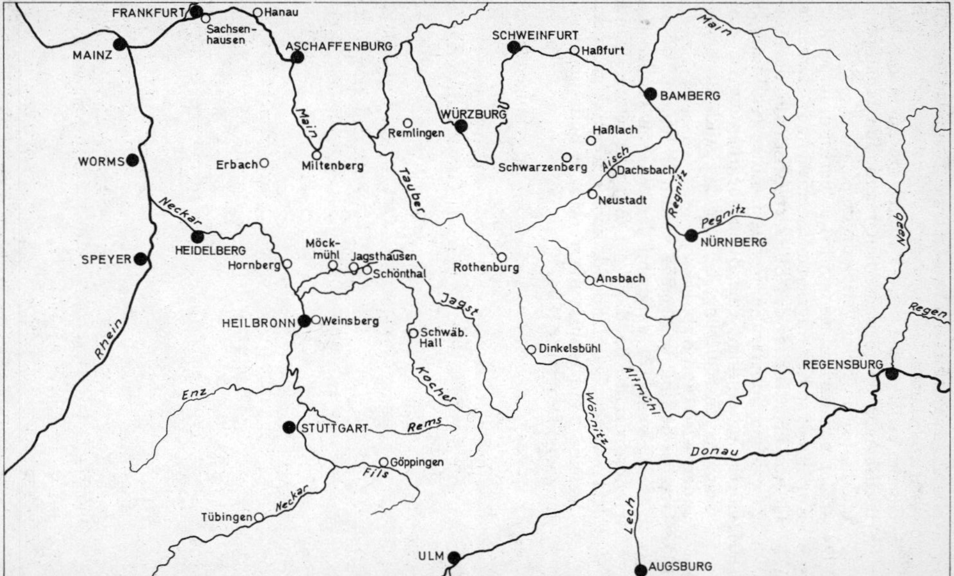
FRANKFURT
Hanau
Sachsen-
hausen
MAINZ
ASCHAFFENBURG
SCHWEINFURT
Haßfurt
Main
BAMBERG
WÜRZBURG
Remlingen
Haßlach
Main
WORMS
Erbach
Miltenberg
Schwarzenberg
Aisch
Dachsbach
Tauber
Neustadt
Regnitz
Neckar
Pegnitz
Naab
HEIDELBERG
NÜRNBERG
SPEYER
Möck-
mühl
Jagsthausen
Hornberg
Schönthal
Rothenburg
Ansbach
Jagst
Regen
HEILBRONN
Weinsberg
Schwäb.
Hall
Rhein
Dinkelsbühl
REGENSBURG
Kocher
Altmühl
Enz
Wörnitz
STUTTGART
Rems
Donau
Göppingen
Fils
Neckar
Tübingen
Lech
ULM
AUGSBURG

Hand, dramatisirt«. Er macht sie Freunden in Abschriften bekannt.

1773 Goethe arbeitet die erste Fassung um zu »Götz von Berlichingen mit der eisernen Hand. Ein Schauspiel« und läßt sie im Selbstverlag drucken.

1774 »Götz von Berlichingen« wird in Berlin uraufgeführt. Kurze Zeit später folgt eine Inszenierung in Hamburg.

1787 Goethe überarbeitet das Stück stilistisch für die Ausgabe seiner Schriften im Verlag Göschen (vgl. Kap. I).

1804 Goethe unternimmt eine Bühnenbearbeitung für eine Weimarer Inszenierung, bei der das Stück stark verändert wird (vgl. Kap. III, 2).

1832 Goethes Bestimmung gemäß wird nach seinem Tod die Fassung von 1771 aufgrund der erhalten gebliebenen Handschrift im Band 42 der Ausgabe letzter Hand, dem zweiten Nachlaßband, zum erstenmal gedruckt. Derselbe Band enthält die verkürzte Bühnenbearbeitung vom Dezember 1804.

III. Andere Fassungen des Dramas

1. Geschichte Gottfriedens von Berlichingen mit der eisernen Hand, dramatisirt

Diese erste Fassung des Götz-Dramas schrieb Goethe 1771 innerhalb von sechs Wochen nieder. Der Titel bezieht sich auf Götz' Autobiographie, Goethes Hauptquelle, der er lediglich dramatische Form gegeben haben will. Die Handschrift ist erhalten; der erste Druck erfolgte 1832. Die Umarbeitung von 1773 bringt in den ersten vier Akten einzelne Szenen verändert. Eine Auswahl des Fortgefallenen wird im folgenden wiedergegeben. Tiefgreifend geändert wurde der 5. Akt, der deshalb vollständig abgedruckt wird. Lediglich bei den Szenen dieses Aktes, die nur in einzelnen Wörtern verändert wurden, wird auf den Text von 1773 verwiesen. Einen gründlichen Vergleich beider Fassungen haben J. Minor und A. Sauer (s. Kap. IX) durchgeführt. Der vorliegende Abdruck beruht auf: »Der junge Goethe«. Neue Ausgabe in sechs Bänden, besorgt von Max Morris. Zweiter Band. Leipzig 1910. Einige kleinere Berichtigungen der dritten, von Hanna Fischer-Lamberg herausgegebenen Auflage (Band II, Berlin 1963) wurden dankbar berücksichtigt.

S. 15,10: In der »Geschichte Gottfriedens« folgt hier:

Elisabeth. Was folgt nun daraus?

Maria. Ich dächte die nützlichste Lehre für Kinder, die ohnedem zu nichts geneigter sind als zu Habsucht und Neid.

Elis. Es sey. Karl hohl deine Geographie

(Carl geht.)

Marie. Die Geographie? Ihr könnt ja sonst nicht leiden, wenn ich ihn draus was lehre.

Elis. Weil mein Mann nicht leiden kann es ist auch nur dass ich ihn fortbringe. Ich mocht's vorm Kind nicht sagen. Ihr verderbts mit euern Mährgen, es ist so stillerer Natur als seinem Vater lieb ist, und ihr macht's vor der Zeit zum Pfaffen. Die Wohltähtigkeit ist ein edle Tugend, aber sie ist nur das Vorrecht starcker Seelen Menschen die aus Weichheit wohltuhn, immer wohltun, sind nicht besser als Leute die ihren Urin nicht halten können.

M a r i a. Ihr redet etwas hart.

E l i s a b e t h. Dafür binn ich mit Cartoffeln und Rüben erzogen, das kann keine zarte Gesellen machen.

M a r i a. Ihr seyd für meinen Bruder gebohren.

E l i s. Eine Ehre für mich. – Euer Wohltätig Kind freut mich noch. Es verschenckt was es geschenckt kriegt hat. Und das gantze gute Werck besteht drinn dass es nichts zu Morgend isst. Gieb acht wenn der Carl ehstens nicht hungrig ist thut er ein gut Werck und rechnet dirs an.

M a r i a. Schwester, Schwester ihr erzieht keine Kinder dem Himmel.

E l i s. Wären sie nur für die Welt erzogen, dass sie sich hier rührten, drüben würds ihnen nicht fehlen.

M a r i a. Wie aber wenn dies rühren hier dem ewigen Glück entgegen stünde.

E l i s. So gieb der Natur Opium ein, bete die Sonnenstrahlen weg, dass ein ewiger unwürcksamer Winter bleibe. Schwester Schwester ein garstiger Missverstand. Sieh nur dein Kind an, wies Werck so die Belohnung. Es braucht nun Zeit lebens nicht's zu tuhn als in heiligem Müsiggang herumzuziehen, Hände auf zu legen und krönt sein edles Leben mit einem Klosterbau.

[Die Geschichte vom Kölner Preisschießen wird dann im Gespräch zwischen Elisabeth und Maria erzählt.]

30,17–31,4 lautet in der ersten Fassung:

A d e l b. Da glich sie dir. *(er nimmt ihre Hand.)* Wie soll ich dir dancken, dass dir mein Unglück zu Herzen ging. Dass du mir das liebe Herz schencktest, allen Verlust mir zu ersetzen.

M a r i e *(zieht ihre Hand zurück).* Lasst mich Könnt ihr nicht reden ohne mich anzurühren. Wenn Gott Unglück über uns sendet gleicht er einem erfahrenen Landman der den Busen seines Ackers, mit der schärfsten Pflugschaar zerreisst, um es Himmlischen saamen und Einflüssen zu öffnen. Ach da wächst unter andern schönen Kräutlein, das Stäudlein Mitleiden. Ihr habt es keimen gesehen, und nun trägt es die schönsten Blüten der Liebe sie stehn in vollem Flor

Adelbert. Meine süsse Blume.

Marie. Meine Abtissin verglich die Lieb auch offt den Blüten. Weh dem rief sie offt der sie bricht! Er hat den Saamen von Tausend glückseeligkeiten zerstöret. Einen Augenblick Genuss, und sie welckt hinweg und wird hingeworfen in einem verachteten Winckel zu verdorren und zu verfaulen. Jene reifende Früchte, rief sie mit Entzückung, Jene Früchte meine Kinder sie führen sättigenden Genuss für uns und unsre Nachkommenen in ihrem Busen. Ich weis es noch es war im Garten an einem Sommerabend ihre Augen waren voll Feuer. Auf einmal, ward sie düster, sie blinzte Trähnen aus den Augewinckeln, und ging eilend nach ihre Zelle

Adelb. Wie wird mirs werden wenn ich dich verlassen soll.

Marie. Ein bissgen eng hoff ich, denn ich weis wie mirs seyn wird. Aber ihr sollt fort. Ich warte mit schmerzen auf euren Knecht den ihr nach Bamberg geschickt ha[b]t. Ich will nicht länger unter einem Dach mit euch seyn.

Adelb. Traut ihr mir nicht mehr Verstand zu.

Marie. Verstand! Was tuht der zur Sache. Wenn meine Abtissinn guten Humors war, pflegte sie zu sagen: Hütet euch ihr Kinder für den Mansleuten überhaupt nicht so sehr, als wenn sie Liebhaber oder gar Bräutigams geworden sind. Sie haben Stunden der Entrückung, um nichts härters zu sagen, flieht so bald ihr merckt dass der Paroxismus kommt, und da sagte sie uns die Symptomen, ich will sie euch nicht wiedersagen um euch nicht zu lächerlich und vielleicht gar bös zu machen. dann sagte sie hütet euch nur alsdenn an ihren Verstand zu appelliren, er schläfft so tief in der Materie, das ihr ihn mit allem Geschrey der Priester Baals nicht erwecken würdet und so weiter. Ich danck ihr erst ietzo da ich ihre Lehren verstehen lerne dass sie uns, ob sie uns gleich nicht starck machen konnte wenigstens vorsichtig gemacht hat.

Adelb. Eure hochwürdige Frau scheint die Classen ziemlich passiert zu haben.

Marie. Das ist eine lieblose Anmerckung. Habt ihr nie bemerckt, dass eine einzige eigne Erfahrung, uns eine Menge fremder benutzen lehrt.

47,12: Die erste Fassung hat hier noch folgende Szene:

Jaxthausen

Elisabeth. Marie.

Marie. Kann sich mein Bruder entschliessen den Jungen in's Kloster zu thun.

Elis. Er muss. Dencke nur selbst welche Figur würde Carl dereinst als Ritter spielen.

Marie. Eine recht edle, erhabne Rolle.

Elis. Vielleicht in ein Paa[r] Hundert Jahren wenn das Menscheng[esch]lecht recht tief herunter gekommen seyn wird. Jetzo da der Besitz unsrer Güter so unsicher ist, müssen wir Männer zu Hausvätern haben. Carl wenn er eine Frau nähm, könnte sie nicht mehr Frau seyn als er.

Marie. Mein Bruder wird mit unter ungehalten auf mich seyn, er gab mir immer viel Schuld an des Knabens Gemüthsart.

Elis. Das war sonst. Jetzo sieht er deutlich ein das es Geist beym Jungen ist nicht Beyspiel. Wie ich so klein war sagte er neulich, Hundert solche Tanten hätten mich nicht abgehalten Pferde in die Schwemm zu reiten, und im Stall zu residiren. Der Junge soll in's Kloster.

Marie. Ich kann es nicht ganz billigen. Sollte denn in der Welt kein Platz für ihn seyn.

Elis. Nein meine liebe. Schwache, passen an keinen Plaz in der Welt, sie müssten den Spitzbuben seyn. Deswegen bleiben die Frauen wenn sie gescheut sind zu Hause, und Weichlinge kriechen ins Kloster. Wenn mein Mann ausreit es ist mir gar nicht bang. Wenn Carl auszöge ich würde in ewigen Ängsten seyn. Er ist sichrer in der Kutte als unter dem Harnisch.

Marie. Mein Weislingen ist auch sanfter Natur, und doch hat er ein edles Herz.

Elis. Ja! ia! Danck ers meinem Mann dass er ihn noch bey Zeiten gerettet hat. Dergleichen Menschen sind gar übel dran, selten haben sie Stärcke der Versuchung zu wiederstehn, und niemals Krafft sich vom Übel zu erlösen.

Marie. Dafür beten wir um beydes.

Elis. Nur dann reflecktirt Gott auf ein Gebet, wenn all unsre Kräffte gespannt sind, und wir doch, das weder zu tragen noch zu heben vermögen was uns aufgelegt ist. In dem Falle wovon wir sprechen, gähnt meistenteils eine missmutige Faulheit ein halbes Seufzergen. Lieber Gott schaff mir den Apfel dort vom Tisch her! Ich mag nicht aufstehn. Schafft er ihn nicht, nun so ist ein Glück dass wir keinen Hunger haben. Noch einmal gegähnt, und dann eingeschlafen.

Marie. Ich wünschte ihr gewöhntet euch an, von heiligen Sachen anständiger zu reden.

Elis. Was ist heilig. Wenn ich mich erst putzen und in die Kirche gehn soll um mit Gott und von Gott zu reden. Wenn er nicht an ieder Kleinigkeit teil nimmt die mir wichtig vorkommt, wenn er nicht so gut Spas als Ernst vertragen kann, wenn beydes aus einem treuen liebevollen Herzen kommt. So ist er mein Gott nicht. Und doch weis ich dass er mein Gott ist.

Marie. Ihr wisst viel.

Elis. Nach dem man's nimmt. Viel und wenig, und immer was ich brauche. Hört ihr die Glocke?

Marie. Zur Vesper. Ihr geht nicht mit.

Elis. Ich muss das Hemdt fertig nähen, das ist auch Gottesdienst. Viel Erbauung.

Mar. Ich will für euch beten.

Elis. Bet für dich und deinen Bräutigam.

Mar. Was.

Elis. Ein gläubig Vater unser und die letzten bitten doppelt.

Mar. Ihr könnt's nicht lassen.

Elis. Macht dass ihr bald wiederkommt, ihr müsst mir heute zu Nacht kochen. *(ab.)*

[Darauf folgt die Szene »Bamberg. Adelhaid. Weislingen«. Sie lautet ab 50,23:]

Adelh. Noch ein Paar Worte so sollt ihr Abschied haben! Ich dacht: es ist Gährung. Wehe dem Berlichingen, dass er diesen Sauerteig herein warf. Ich dacht: er hat sich neue, noch unentwickelte Kräffte gefühlt da er sich an einem grosen Feind mas, es arbeitet ietzo in seiner Seele, die äussere Ruhe ist ein Zeichen der innern Würcksamkeit.

Weis. Du hast dich nicht geirrt es arbeitete hier und bläht sich noch.

Adelh. Die Fäulniss arbeitet auch. Aber zu welchem

Zweck! Wenn es das ist, wie ich fürchte, so lass mich keinen Zeugen abgeben, ich würde der Natur fluchen dass Sie ihre Kräffte so misbraucht.

W e i s. Ich will euch aus den Augen gehn.

A d e l h. Nicht, bis alle Hoffnung verlohren ist. Die Einsamkeit ist in diesen Umständen gefährlich. Armer Mensch. Ihr seyd so missmutig wie einer dem sein erstes Mädgen untreu wird, und eben darum geb ich euch nicht auf. Gebt mir die Hand, verzeiht mir was ich aus Liebe gesagt habe.

W e i s. Zauberinn.

A d e l h. Wär ich's ihr solltet ein anderer Mann seyn. Schämt euch. wenn's die Welt sähe! Um einer elenden Ursache Willen. Die ihr euch gewiss nicht selbst gestehn mögt. Wie ich ein klein Mädgen war ich weis es noch auf einen Punckt, machte mir meine Mutter ein schönes Hofkleid war rosenfarb. Ich machte der Fürstinn von Anhalt die Aufwartung, da war eine Fräulein die hatte ein Kleid an war feuerfarb. Das hätt ich auch haben mögen, und weil ich meins hatte achtet ichs geringer, und ward unleidsam, und wollte mein rosenfarbnes Kleid nicht anziehen weil ich kein feuerfarbnes hatte. Seht das ist euer Fall. Ich dachte du hast gewiss das schönste Kleid, und wie ich andre sah die mir gleich waren, das neckte mich. Weisling ihr wolltet der erste seyn, und der einzige. Das geht in einen gewissen Kreis. Aber unglücklicher Weisse kamt ihr hinaus, fandet wie die Natur mit viel Gewichtern ihre Maschine treibt. Und das ärgerte euch. Spielt nicht das Kind. Wenn er die Geige spielt wollen wir die Flöte blasen, eine Virtuosität ist die andre werth.

W e i s. Hilf ihr mein Genius! Adelheid! Das Schicksal hat mich in eine Grube geworfen, ich seh den Himmel über mir, und seufze nach Freiheit. Deine Hand.

A d e l. Du bist befreyt, denn du willst. Der elendste Zustand ist: nichts wollen können. Fühle dich, und du bist alles was du warst. Kannst du leben Adelbert und einen mächtigen Nebenbuhler blühen sehn. Frisst nicht die magerste Aehre seines Wohlstandes deine fettsten. Indem sie ringsumher verkündet, Adelbert wagt nicht mich auszureissen. Sein Daseyn ist ein Monument deiner Schwäche. Auf! Zerstörs da es noch Zeit ist. Leben und leben lassen ist ein Sprüchelgen für Weiber. Und mann nennt dich einen Mann.

W e i s. Und ich wills seyn. Wehe dir Gottfried! wenn das Glück meiner Adelhaid Nebenbuhlerinn ist. Alte Freundschafft, Gefälligkeit, und die alte Frau Menschenliebe, hatten meine Entschliessungen mit Zauberformeln niedergeschläffert, du hast den Zauber aufgelösst. Und nun, gleich entfesselten Winden über das ruhende Meer! du sollst an die Felsen Schiff, und von da in Abgrund, und wenn ich mir die Backen drüber zersprengen sollte.

A d e l h. So hör ich euch gern.

W e i s l. Der Kayser hält einen Reichstag zu Augsburg. Ich will hin und du sollst sehen Adelh. ob ich nicht mehr binn als der Schatten eines Manns.

A d e l h. Mich däucht ich sehe einen auferstandnen verklärten Heiligen in dir. In deinen Augen glüht ein Feuer, das deine Feinde verzehren wird. Komm Adelb. zum Bischoff. Komm Victoria ist ein Weib, sie wirfft sich dem tapfersten in die Arme. *(ab.)*

[Darauf folgt: »Im Spessart. Gottfried, Selbitz, Georg«. 52,1–54,6 fehlt in der ersten Fassung.]

In der »Geschichte Gottfriedens« beginnt der dritte Akt mit einer Reichstagssitzung:

D e r R e i c h s t a g z u A u g s b u r g

Kayser Maximilian, Maynz, Bamberg, Anhalt, Nassau, Weislingen, andre Herren.

M a x. Ich will euch die Köpfe zurecht setzen! Wofür binn ich Kayser. Soll ich nur Strohmann seyn, und die Vögel von euern Gärten scheuchen, keinen eignen Willen haben, bildets euch nicht ein. Ich will eine Contribution von Geld und Mannschafft wider den Türcken, das will ich sag ich euch und keiner unterstehe sich darwider zu reden.

M a y n z. Es müsste der kühnste Rebell seyn der einer geheiligten Majestät in's Angesicht widersprechen, und in die Flammen ihres Grimmes treten wollte. Auch weichen wir vor eurer Stimme wie Israel vor dem Donner auf Sinai. Seht wie die Fürsten umherstehen getroffen wie von einem unvermutheten Strafgerichte. Sie stehen, und gehn in sich selbst zurück, und suchen wie sie es verdient haben. und verdient müssen wir's haben, obgleich unwissend. Ew Mayest. verlangen einen Türkenzug. Und so lang ich hier sitze, erinnr ich mich keinen der nein gesagt hätte. Waren nicht alle willig alle! – – Es ist Jahr und Tag wie Ihro Maiestät es zum erstenmal vortrugen, Sie stimmten all ein die Fürsten und in ihren Augen leuchtete ein Feuer denen Feinden ein schröckliches Meteor. Ihr Geist flog mutig schon nach den Ungrischen Gränzen, als er auf einmal durch ein iämmerliches Wehklagen zurück gehalten wurde. Es waren die Stimmen ihrer Weiber ihrer unmündigen Söhne die gleich Schafen in der Wüste mörderischen Wölfen Preis gegeben waren. Würde nicht Elias selbst auf dem feurigen Wagen, da ihn feurige Rosse zur herrlichkeit des Herren führten in diesem Falle sich zurück nach der Erde gesehnt haben. Sie baten flehentlich um die Sicherheit ihrer Häuser ihrer Familien, um mit freyem und ganzem Herzen dem Fluge des Reichsadlers folgen zu können. Es ist eure Maj. nicht unbekannt, inwiefern der Landfriede, die Achtserklärungen, das Cammergericht bisher diesem Übel abgeholfen hat. wir sind noch wo wir waren, und vielleicht übler dran. Wohl denckende Ritter gehorchen Ew Maj befehlen begeben sich zur Ruhe und dadurch wird unruhigen Seelen der Kampfplaz überlassen, die sich auf eine ausgelassne Weise herumtummeln und die Hoffnungsvollsten Saaten zertreten. Doch ich weis. Ew Maj. zu gehorchen, wird ieder gern sein liebstes hindansetzen. Auf meine Freunde. Auf gegen die Feinde des Reichs und der Cristenheit. Ihr seht wie nötig unser groser Kayser es findet einem grössern Verlust mit einem kleinem vorzubeugen. Auf verlasst eure Besitztümer eure Weiber eure Kinder und zeigt in einem unerhörten Beyspiel die Stärcke der Deutschen Lehnspflicht, und eure Ergebenheit für euern erhabnen Monarchen. Kommt ihr zurück und findet eure Schlösser verheert, euer Geschlecht vertrieben, eure Besitztümer öde! O so denckt der Krieg den ihr an den Gränzen führtet, habe in dem Herzen des Reichs gebrandt, und ihr habet der allgemeinen Ruh und Glückseeligkeit die eurige aufgeopfert, die Ruinen eurer Schlösser werden künftigen Zeiten herrliche Denckmale seyn, und laut ausrufen; so gehorchten sie ihrer Pflicht, und so geschah ihres Kaysers Wille.

K a y s e r. Ich gehe euch euern Entschliesungen zu überlassen. Und wenn ihr dann sagt: ich Hab euch gezwungen, so lügt ihr.

[Darauf folgt die Szene »Ein Garten. Zwey Nürnberger Kaufleute«.]

FÜNFTER AUFZUG

N a c h t
W i l d e r W a l d

Zigeunerinnen (beym Feuer kochen).

Ä l t s t e Z i g. Im Nebel Geriesel im tiefen Schnee,
Im Wilden Wald in der Winternacht.
Ich hör der Wölfe Hungergeheul,
Ich hör der Eule schreyn.
A l l e. Wille wau wau wau
Wille wo wo wo
E i n e. Withe hu.
A l t. Z i g. Mein Mann der schoss ein' Katz am Zaun,
War Anne der Nachbarinn schwarze liebe Katz.
Da kamen des Nachts sieben Währwölf zu mir,
Warn sieben sieben Weiber vom Dorf.
A l l e. Wille wau pp.
A l t e Z. Ich kannt sie all, ich kannt sie wohl
S war Anne mit Ursel und Kett
Und Reupel und Bärbel und Lies und Gret,
Sie heulten im Kreis mich an.
A l l e. Wille wau.
A l t e Z i g. Da nannt ich sie all beym Nahmen laut
Was willst du Anne was willst du Kett.
Da rüttelten sie sich. Da schüttelten sie sich.
Und liefen und heulten davon.
A l l e. Wille wau pp.

1 t e. Brauner Sohn, schwarzer Sohn, kommst du, was bringst du.

S o h n. Einen Haasen Mutter da! – Einen Hamster. Ich binn nass durch und durch.

M u t t e r. Wärm dich am Feuer, trocken dich.

S o h n. S' is Tauwetter. Zwischen die Felsen klettert ich, da kam der Strom, der Schnee strom schoss mir um die Bein', ich watet, und stieg und watet.

M. Die Nacht is finster.

S o h n. Ich kam herab ins tiefe Tahl, sprang auf das trockne, längst am Bach schlich ich her, das Irrlicht saß im Sumpfgebüsch ich schwieg und schaudert nicht, und ging vorbey.

M. Du wirst dein Vater Junge, ich fand dich hinterm dürren Zaun im tiefen November im Harz.

Hauptmann. 4 Zig.

H. Hört ihr den wilden Jäger.

1. Z i g. Er zieht grad über uns hin.

H. Das Hundegebell, wau! wau!

2. Z i g. Das Peitschen geknall!

3. Z i g. Das Jagdgeheul holla ho! holla ho.

Z i g . r i n. Wo habt ihr den kleinen Jungen meinen Wolf.

H a u p t. Der Jäger gestern lernt ihn ein fein Waidmanns Stückgen, Reuter zu verführen dass sie meynen sie wären beysammen und sind weit aus einander. Er lag die halb Nacht auf der Erd biss er Pferde hörte er ist auf die Stras hinaus. Gebt was zu essen.

(sie sitzen ums Feuer und essen.)

Z i g. Horch ein Pferd.

A d e l h. *(allein zu Pferd).* Hilf heilige Mutter Gottes wo binn ich, wo sind meine Reuter! Das geht nicht mit rechten Dingen zu. Ein Feuer! Heilige Mutter Gottes walte walte.

E i n Z i g. und die A l t e *(gehn auf sie los).* Sey gegrüst Blancke Mueter! Wo kommst du her. Komm an unsern Heerd komm an unsern Tisch, nimm vorlieb wie du's findst.

A d. Habt Barmherzigkeit. Ich binn verirrt, meine Reuter sind verschwunden.

H a u p t. *(zu'n andern).* Wolf hat sein Probstück brav gemacht. *(laut.)* Komm komm und fürcht nichts. Ich binn der Hauptmann des armen Völckleins. Wir tuhn niemanden Leids, wir säuberns Land vom Ungeziefer, essen Hamster Wieseln und Feldmäus. Wir wohnen an der Erd, und schlafen auf der Erd, und verlangen nichts von euern Fürsten als den dürren Boden auf eine Nacht, darauf wir gebohren sind, nicht sie.

Z i g r i n n. Setz dich blancke Mueter, auf den dürren Stamm ans Feuer. Ein harter Sitz. Da hast du die Deck in die ich wickle, setz dich drauf.

A d e l h. Behaltet euer Kleid.

Zigrinn. Es friert uns nicht, gingen wir nackend und blos. Es schauert uns nicht vorm Schneegestöber, wenn die Wölfe heulen, und Spenster krächzen, wenn's Irrlicht kommt und der feurige Mann. Blancke Mueter, schöne Mueter sey ruhig du bist in guter Hand.

Adelh. Wolltet ihr nicht ein Paar ausschicken, meinen Knaben zu suchen und meine Knechte. Ich will euch reichlich belohnen.

Hauptm. Gern! Gern! *(heimlich.)* geht hin und sucht Wolfen, ich biet ihm er soll den Zauber auftuhn.

Zigrinn. Gieb mir deine Hand, seh mich an, Blancke Mueter schöne Mueter dass ich dir sage die Wahrheit die gute Wahrheit.

Adelh. *(reicht ihr die Hand).*

Zigrinn. Ihr seyd vom Hof – Geht an Hof! Es ehren und lieben euch Fürsten und Herrn. Bl[ancke] M[ueter] s[chöne] M[ueter] ich sag dir die Wahrheit, die gute Wahrheit.

Adelh. Ihr lügt nicht.

Zigrinn. Drey Männer kriegt ihr. Den ersten habt ihr – Habt ihr den zweyten so kriegt ihr den Dritten auch. Blanke Mueter pp.

Adelh. Ich hoff's nicht.

Zig. Kinder Kinder! schöne Kinder seh ich, wie die Mueter wie der Vater. Edel. schön. Blancke Mueter pp.

Adelh. Diesmal verfehlt ihr sie ich hab keine Kinder.

Zig. Kinder seh ich schöne Kinder, mit dem letzten Mann dem schönsten Mann. Blancke Mueter pp.
Viel Feind habt ihr, viel Feind kriegt ihr. Ein's steht euch im Weeg, ietzt liebt ihrs. Blancke Mueter pp.

Adelh. Schlimme Wahrheit.

Sohn *(setzt sich nah zur Adelheid, sie rückt).*

Zigrinn. Das ist mein Sohn! Seh ihn an! Haare wie ein Dornstrauch, Augen wie's Irrlicht auf der Haide. Meine Seel freut sich wenn ich ihn seh. Seine Zähn wie Helfenbein. Da ich ihn gebahr druckt ich ihm das Nasbein ein. Wie er stolz und wild sieht. Du gefällst ihm Blancke Mueter.

Ad. Ihr macht mir bang.

Zigrinn. Er tuht dir nichts. Bey Weibern ist er mild wie ein Lam, und reissend wie ein Wolf in der Gefahr. Künste kann er wie der ältste. Er macht dass dem Jäger die Buchs versagt dass's Wasser nicht löscht dass Feuer nit brennt. Sieh ihn an blancke Mueter du gefallst ihm. Lass ab Sohn du ängstest sie – Schenck uns was Blancke Mueter wir sind arm. Schenck uns was.

Adel. Da habt ihr meinen Beutel.

Hauptm. Ich mag ihn nicht, wir sind keine Räuber. Gieb ihr was aus dem Beutel für die gute Wahrheit. Gieb mir was für die andern die gegangen sind. Und behalt den Beutel.

(Adelh. giebt.)

Zigrinn. Ich will dich was lernen.

(Sie redet heimlich. Sohn nähert sich der Adelh.)

– Und wirfs in fliesend Wasser. Wer dir im Weeg steht Mann oder Weib, er muss sich verzehren, und verzehren und sterben.

Adelh. Mir graust.

Sohn *(rückt näher Ad. will aufstehn. er hält sie).*

Adelh. Um Gotteswillen Lasst mich.

Sohn *(Beisst die Zähne zu sammen und hält sie).* Du bist schön.

Adelh. Wehrt euerm Sohn Mutter.

Zig. Er tuht dir kein Leids.

Adelh. *(will los, Zig. fasst sie mit beyden Armen, und will sie küssen).*

Adelh. *(schreyt).* Ai!

Franz, Sickingen, Reuter.

(Zig. lässt los.)

Franz *(springt vom Pferd).* Sie ists! Sie ists! *(er läufft zu ihr fällt vor ihr nieder und küsst ihr die Hände.)*

Adelh. Willkommen Franz.

(Franz fällt in Ohnmacht ohne dass Sies merckt.)

Sickingen. Sehr edle Frau, ich find euch in fürchterlicher Gesellschafft.

Adelh. Sie ist menschenfreundlicher als sie aussieht. Und doch edler Ritter erscheint ihr mir wie ein heiliger des Himmels erwünscht wie unverhofft.

Sick. Und ich find euch wie einen Engel, der sich in eine Gesellschafft verdammter Geister herablies sie zu trösten.

Adelh. Franz! Wehe helft ihm! Er stirbt.

(Zig. eilen hinzu.)

Alte Zig. Lasst mich.

Sick. Eine gleiche Angst hab ich nie gesehen, als der Knab

um euch hatte, der Schmerz war mit seiner Seele so vereinigt, dass plözliche Freude die ihn vertreiben wollte den Geist zugleich mit ausjagte.

Franz. Wo ist sie. Sie bringen sie um! ihr garstigen Leute. Wo ist sie.

Adel. Sey ruhig, ich binn da.

Fr. *(nimmt ihre Hand).* Seyd ihrs. Liebe gnädige Frau ihr seht noch einmal so schön, in der schröckligen Nacht, bey dem ängstlichen Feuer. Ach wie lieb hab ich euch.

Sicking. *(zum Hauptm.).* Wer seyd ihr.

H. Ich binn Johann von Löwenstain aus klein Egypten Hauptmann des armen Volcks der Zigeuner. Fragt die edle Frau wie wir verirrten begegnen. Wir selbst irren in der Welt herum, verlangen nichts von euch als wüste Haide dürres Gesträuch zum Aufenthalt auf eine Nacht, und Lufft und Wasser.

Sick. Das begehrt ihr, und das andre nehmt ihr.

H. Wer uns was schenckt dem nehmen wir nichts. Dem geizigen Bauern holen wir die Enten, er schickt uns fort da wir um ein Stück Brodt bettelten. Wir säuberns Land vom Ungeziefer, und löschen den Brand im Dorf, wir geben der Kuh die Milch wieder, vertreiben Warzen und Hüneraugen, unsre Weiber sagen die Wahrheit, die gute Wahrheit.

Sick. Will einer um ein Trinckgeld den Weeg nach dem nächsten Dorfe zeigen. Ihr werdet der Ruhe nötig haben gnädge Frau, und euer Knab einiger Verpflegung. Darf ich euch biss in die Herberge begleiten.

Adelh. Ihr kommt meiner Bitte zu vor. Darf ich fragen wohin euer Weeg geht.

Sick. Nach Augsb[urg].

Ad. Das ist der meinige.

Sick. Ihr mögt also wollen oder nicht so habt ihr einen Knecht mehr in eurem Gefolge.

Adel. Einen erwünschten Gesellschaffter an meiner Seite.

Franz *(vor sich).* Was will nun der!

Adelh. Wir wollen aufsitzen Franz. Lebt wohl ihr fürchterliche Wandrer, ich danck euch für freu[n]dliche Bewirtung.

Haupt. Wenn man uns Unrecht tuht führt unser Wort, ihr seyd gros bey Hofe.

Alte. Alle Gute geister geleiten dich blancke Mueter, denck an mich wenn dirs geht wie ich gesprochen hab.

(Sick. hält Adelh. den Steigbügel.)

Franz *(drängt ihn Weg)*. Das ist meine Sache Herr Ritter.

Sick. *(lächelt)*. Du machst Prätensionen. *(er hilft Ad. aufs Pferd.)*

Fr. *(heiml.)*. Der ist unausstehlich.

Adelh. Adieu. *(Vice Versa.)* Lebt wohl. Gott geleit euch. Adieu. *(ab.)*

Nacht.
Eine halbverfallne Capelle auf einem Kirchhoff.

Anführer der Bauern Rebellion.

Georg Metzler von Ballenberg *(kommt)*. Wir haben sie! Ich hab sie!

Hans Linck. Brav! Brav! Wen alles.

Georg Metzler. Otten von Helfenstein, Nagel von Eltershofen – lasst mich die übrigen vergessen. Ich hab Otten von Helfenstein!

Jakob Kohl. Wo hast du sie.

Metzler. Ich sperrt sie ins Beinhäusel nahe hierbey, und stellt meine Leute davor. Sie mögen sich mit den Schedeln besprechen. Es sind gewiss von denen Unglückseeligen drunter die ihre Tyranney zu Todte gequält hat. Brüder wie ich den Helfenstein in meinen Händen hatte, ich kann euch nicht sagen wie mir war! Als hätt ich die Sonn in meiner Hand und könnte Ball mit spielen.

Linck. Bist du noch der Meynung, dass man sie morgen ermorden soll.

Metzler. Morgen. heute noch es ist schon über mitternacht. Seht wie die Gebürge von der wiederscheinenden Glut ihrer Schlösser in glühendes Blut getaucht daherum liegen. Sonne komm, Sonne komm! Wenn dein erster gebrochner Stral roht dämmert und sich mit dem fürchterlichen Schein der Flamme vereinigt. Dann wollen wir sie hinaus führen, mit Blutrothen Gesichtern wollen wir dastehn und unsre Spise sollen, sollen aus hundert Wunden ihr Blut zapfen. Nicht ihr Blut! Unser Blut. Sie gebens nur wieder wie Blutigel. Ha. Keiner ziele nach dem Herzen. Sie sollen verbluten, wenn ich sie ein Jahr hundert bluten sähe meine Rache würde nicht gesättigt. O Mein Bruder! mein Bruder! Er lies dich in der Verzweiflung sterben! Armer Unglücklicher, die Flammen des Fegfeuers quälen dich rings um. Aber du sollst tropfen der Linderung haben, alle seine Blutstropfen. Ich will meine Hände drein tauchen. und wenn die Sonne heraufgeht, Soll sie zugleich sehen mich mit seinem Blute und die Felsen durch die Flamme seiner Besitztümer gefärbt.

Wache. Ein Weib ist draus, mit einem Kind auf dem Arme. Sie iammert und will zu den Hauptleuten.

Linck. Schickt sie fort.

Metzler. Nein Brüder lasst sie herein. Wer sie auch ist ihr Jammern soll wie ein Käutzgen den schnellen Todt ihres Mannes verkünden.

Gemahlin. Sohn.

[Gemahlin.] Gebt mir meinen Mann. Lasst mich ihn sehen.

(Der Knabe schreyt.)

Sey ruhig Junge. das was dir fürchterlich scheint ist ein Himmel gegen meiner Quaal. Gebt mir meinen Mann ihr Männer. Um Gottes Barmherzigkeit willen.

Met[z]ler. Barmherzigkeit. Nenne das Wort nicht. Wer ist dein Mann.

Gemahlin. Otto –

Metzler. Nenn ihn nicht aus den verruchten Nahmen. Ich möchte von Sinnen kommen, und deinen Knaben hier wieder den geheiligten Altar schmettern.

Gemal. *(zu den andern).* Sind eure Eingeweide auch eisern wie eure Kleider. Rührt euch mein Jammer nicht.

Metzler. Barmherzigkeit. Das soll das Losungswort seyn wenn wir sie morden.

Gem. Wehe! Wehe!

Metzl. Wie der gifftige Drache, dein Mann, meinen armen Bruder, und noch drey Unglückliche in den tiefsten Turn warf. Weil sie mit Hungricher Seele seinen Wald eines Hirsches beraubt hatten ihre armen Kinder und Weiber zu speisen. – Wir jammerten und baten. So kniete die arme Frau wie du kniest, und so stund der Wütrich wie ich stehe –

Ich wollte diesen Plaz nicht um einen Stul im Himmel tauschen – Da flehten wir auch Barmherzigkeit, und mehr als ein Knabe iammerte drein. – Damals lernt ich was ich übe – Er stund der Abscheu wie ein ehrener Teufel, stund er und grinste uns an. Verfaulen sollen sie lebendig und verhungern im Turn knirscht er. Damal war kein Gott für uns im Himmel, ietzt soll auch keiner für ihn seyn.

Gem. Ich umfass eure Knie gebt mir ihn wieder.

Metzler. Top! Wenn ihr mir meinen Bruder wiederschafft. *(er stösst sie weg, knirscht und hält die Stirne mit beiden Händen.)* Halt es aus o mein Gehirn diese wütende Freude. Biss ich sein Blut habe fliessen sehen, dann reiss. An der Erde seine geliebte Frau – Weh! Bruder das ist tausen[d Seel]messen werth.

Gem. Lasst mich sie sehn. Mein Jam[mer] wird mich verzehren.

Metzl. Komm *(er nimmt sie bey der Hand und führt sie an die Mauer.)* Lege dein Ohr hier wieder du wirst sie ächzen hören, in dem Gewölbe hierbey auf Todengebein ist ihre Ruhstätt. – Du hörst nichts. Ihr Jammer ist ein frühlingslüfftgen – – – Er lag im Tiefen Turn und seine Gesellen bei ihm. Ich kam des Nachts, und lehnt mein Ohr an. Da hört ich sie heulen ich rief und sie hörten mich nicht. Drey Nacht kam ich ich zerkratzte die Mauer mit Nägeln und zerbiss sie mit Zähnen. – Die vierte hört ich nichts mehr nicht mehr. Keinen Schrey kein Äch[zen]. Ich horchte auf das Ächzen das Schreyn wie ein Mädgen auf die Stimm ihres Geliebten – Der Tod war stumm – ich wälzte mir an der Erde und riss sie auf, und warf mich in Dornsträucher, und fluchte biss der Morgen kam. Heisse höllenheisse Flüche – über das Mördergeschlecht.

Gemal. *(wirfft sich vor ihn an die erde).* Gib mir meinen Mann.

Metzler *(tritt nach ihr).*

Gemal. Weh mir.

Kohl. Steh auf und geht. Es ist Raserey sich in den Pfad seines Grimms zu werfen.

Gem. Es hört kein Gott mehr.

Metzl. Wohl wohl. hätte er damals gehört ein schneller Blitz hätte deine Türne niedergebrannt, und hätte mir die Wonne geraubt selbst selbst in deinen Gemächern herum zu sengen. Sieh da hinaus wies Glüht. Kleiner Junge sieh das schöne Feuergen – Ah.

Kohl. Geht! geht! Eure Gegewart nährt seine Rache.

(Gem. ab.)

L i n c k. Ich sinne drauf Bruder wenn sie todt sind was wir weitern vornehmen.

K o h l. Wir müssen suchen der Sache einen Schein zu geben.

L i n c k. Ich dachte ob wir nicht Gottfrieden von Berlichingen zum Hauptmann machen sollten. Es fehlt uns ein Anführer, von Kriegserfahrenheit und Ansehn.

K o h l. Er wirds nicht tuhn.

M e t z l e r. Wir wollens ihn lernen. Bring ihm den Dolch an die Haut. Und den Feuerbrand ans Dach, er wird sich geschwind entschliessen.

L i n c k. Er würde uns von grosem Nutzen seyn.

M e t z l e r. Er soll. Wir sind einmal im Metzeln, es kommt mir auf einen mehr nicht an. Sieh! Sieh! Es dämmert. Der Osten Färbt sich bleich. *(er nimmt seinen Spies.)* Auf! Ihre Seelen sollen mit dem Morgennebel steigen. Und dann. Stürm stürm Winterwind, und zerreiss sie, und heul sie tausend Jahr um den erdkreiss herum und noch tausend, biss die Welt in Flammen aufgeht, und dann mitten mitten mit Ihnen ins Feuer. *(ab.)*

A d e l h a i d e n s V o r z i m m e r

F r a n z *(mit einem Briefe)*. Sie liebt mich nicht mehr, der verdammte Sickingen hat mich verdrängt. Ich hass ihn, und soll ihm den Brief bringen, o dass ich das Papier vergiften könnte. Ich soll ihn heute Nacht heimlich zu ihr führen. In die Hölle! – Wenn sie mir liebkost weis ich voraus, sie will mich zahm machen, dann sagt sie hinten drein, lieber Franz thu dies thu das. Ich kanns ihr nicht abschlagen, und rasend mögt ich werden indem ich ihr folge – Ich will nicht gehen, soll ich meinen Herren meinen guten Herrn verrathen, der mich liebt wie seinen iüngern Bruder, um eines wanckelmütigen Weibs willen.

A d e l h. *(kommt)*. Du bist noch nicht weg.

F r a n z. Werd auch nicht gehen, da habt ihr euern Brief wieder.

A d e l h. Was kommt dir ein.

F r. Soll ich ein Verrähter an meinem guten Herren seyn.

A d e l h. Wo bist du das Gewissen so geschwind begegnet. Deinen Herrn verrathen! Welche Grille. Du tuhst ihm einen wahren Dienst. Indem Sicking und er öffentlich getrennt sind, und er doch von grosem Gewicht ist bleibt keine Communikations Art mit ihm übrig als die, ihm heimlich zu schreiben und heimlich mit ihm zu reden.

Franz. Um Mitternacht in eurem Schlafzimmer. Es mag ein recht politischer Communikations Punckt seyn der euch zusammen bringt.

Adelh. *(imponirend).* Franz.

Fr. Und mich zum Unterhändler zu machen.

Adelh. Gieb mir den Brief wieder. Ich hielt dich für was anders.

Fr. Gnädge Frau.

Adelh. Gieb! gieb! Du wirst unütz. Und kannst gehn, und nach Belieben meine Geheimnisse verrathen. Deinem guten Herrn, und wem du willst. Ich war die Närrin dich für was zu halten was du nicht bist. Gieb mir den Brief und geh.

Fr. Liebe gnädge Frau zürnt nicht. Ihr wisst dass ich euch liebe.

Adelh. Und ich hielt dich – du weissts! das hat dich übermütig gemacht. Du warst mein Freund, meinem Herzen so nah. Geh nur geh, gieb mir den Brief, und belohne mein Vertrauen mit Verrath.

Fr. Lasst mich ich will euch gehorchen, eh wollt ich mir das Herz aus dem Leibe reissen, als den ersten Buchstaben eures Geheimnisses verschwätzen. Liebe Frau. – Wenn diese Ergebenheit nichts mehr verdient als andre sich vorgezogen zu sehen –

Adelh. Du weist nicht was du willst, noch weniger was du redst. Wancke nicht von deiner Lieb und Treu. – und der schönste Lohn soll dir werden. *(ab.)*

Fr. Der schönste Lohn. Ich fliege! Wenn sie Wort hält! Das würd ein Jahrtausend vergangner Höllenquaalen, in einem Augewinck aus meiner Seele verdrängen. *(ab.)*

[Es folgen 97,15–99,13.]

Gottf. Hört! Noch ein Wort – Auf diese Art mein Leben zu lassen – Gottfr. Gottfr. du wolltest dem iämmerlichen Todt entgehen, die Flamme löschen die deine Burg zu verzehren drohte. Du hast dich in ein abscheuliches Feuer gestürzt das zugleich dich und deinen Nahmen verzehren wird – Wollte Gott verzehren.

Einige Bauern.

1. B. Herr! herr! sie sind geschlagen sie sind gefangen.

Gottf. Wer!

2. B. Die Miltenberg verbrandt haben, es zog sich ein bündischer Trupp hinter dem Berg her und überfiel sie auf einmal.

Gottf. Sie erwartet ihr Lohn. – O Georg Georg! – Sie haben ihn mit den Bösewichtern gefangen. – Mein Gorg! Mein Gorg –!

Anführer (treten auf).

Linck. Auf herr Hauptmann auf. Es ist nicht säumens Zeit. Der Feind ist in der Nähe und mächtig.

Gottf. Wer verbrandte Miltenberg.

Metzler. Wenn ihr Umstände machen wollt, so werden wir euch weisen wie man keine macht.

Kohl. Sorgt für unsre Haut und eure. Auf! auf!

Gottf. *(zu Metzl.).* Droht ihr mir. Du nichtswürdiger glaubst du dass du mir fürchterlicher bist weil noch des Grafen von Helfenstein Blut an deinen Kleidern klebt. Es eckelt mir vor dir, ich verabscheue dich wie eine gefleckte Kröte.

Metzler. Berlichingen.

Gottf. Du darffst mich beym Nahmen nennen. und meine Kinder werden sich dessen nicht schämen, wenn deiner du Bösewicht wie der Nahme des Teufels, nur zu flüchen und zu Verwünschung tönen wird.

Kohl. Verderbt eure Zeit nicht mit unglücklichem Streit. Ihr arbeitet dem Feinde vor.

Gottf. Er mir drohen. Der bellende Hund! Das schlechste Weib würde seinen Zorn aushönen. Der Feige dessen Galle wie ein bösartiges Geschwür innerlich herumfrisst, weil seine Natur nicht Krafft genug hat sie auf einmal von sich zu stosen. Pfuy über dich! Es stinckt es stinckt um dich von faulen aufgebrochnen Beulen, dass die himmlische Lufft sich die Nase zu halten mögte.

Kohl. Geht Metzler, zu euerm Trupp.
Unsre halten schon hinterm Dorf. wir müssen Auf und abziehen, um es zu keiner Schlacht kommen zu lassen.

Berlich. Wenn der Teufel ihn zu hohlen kommt nemt euch in acht dass er nicht einen von euch im Dunckeln erwischt. und ihr seyd werth seine Gebrüder in der Hölle zu seyn, da ihr euch zu Gesellen seiner scheuslichen Tahten macht. Was! eure Freyheiten eure Gerechtigkeiten wieder zu erlangen, begeht ihr Tahten, die der Gerechtigkeit so laut in die Ohren brüllen, dass sie vor euerm Flehen taub werden muss. Meine Zeit geht zu ende. Und ich will meines Weegs.

Linck. Du sollst. Denn wir sind deiner Herzlich müd, wir hielten, Dich für einen edlern freyern Mann, für einen Feind der Unterdrückung, nun sehen wir dass du ein Sclave der Fürsten bist, und kein Mann für uns, Wenn deine Zeit um ist sollst du fort.

Gottf. In Gottes Nahmen, und der mag richten, und alles zum besten kehren. Und wenn ihr durchschlupft, so darf der Teufel Erlösung hoffen.

Nacht
Adelhaidens Vorzimmer

Franz (in einem Sessel auf den Tisch gelehnt, schlafend. Das Licht brennt dunckel).

(Im Schlaff.) Nein! Nein! *(er fährt auf.)* Ah! – Sie sind noch beysammen. – Für Wuth mögt ich mich selbst auffressen. Du konntest schlafen. Sieh! deine Missetaht verfolgt dich in den tiefsten Schlummer. Elender Nichtswürdiger du machst den Wächter zu ihren Verbrechen. Ein Geräusch. Auf auf das die Sonne eure ehbrecherische Stirnen nicht beleuchte.

Adelhaid. Sickingen.

Adelh. Du gehst! Ein harter Stand für mich, denn ich verlor noch nichts was ich so liebte.

Sicking. Und ich nahm noch von keiner Adelhaid Abschied.

Adelh. Wenn ich wüsste das sollte das letztemal seyn ich wollte dich Trutz dem Verräthrischen Tage in meinen Armen festhalten. Sicking vergiss mich nicht. Meine Liebe taht zu viel für dich rechens ihr nicht zum Fehler an. Und wenns ein Fehler war so lass mich in der Folge Entschuldigung für ihn finden.

Sicking. Ein Fehler der mich zu einem Gott machte. Leb wohl, du wohnst hier mitten unter den stolzesten Unternehmungen!

Adelh. Ein Edler Plaz.

S i c k. Du wärst einen Trohn werth.

A d e l h. Ich würde nicht schöner ruhen als hier.

(Sie legt ihre Hand auf seine Brust er küsst sie.)

S i c k. Wende deine Augen sonst kann ich nicht von der Stelle.

A d e l h. Geht möge ieder von meinen Gedancken die ich euch nachsende ein Engel seyn, und euch geleiten und beystehn.

S i c k. Lebt wohl. *(ab.)*

A d e l h. Das ist ein Mann. Weisling ist ein Schatten gegen ihn. Schicksaal, Schicksaal warum hast du mich an einen Elenden geschmiedet. – Schicksaal! Sind wirs nicht selbst. Und weissagte mir die Zigeunerinn nicht den dritten Mann den schönsten Mann! – Es steht euch eins im Weeg ihr liebts noch! – Und lehrte sie mich nicht durch geheime Künste meinen Feind vom Erdboden weghauchen. Er ist mein Feind, er stellt sich zwischen mich und mein Glück. Du musst nieder in Boden hinein, mein Weeg geht über dich weg.

Weis. Adelh.

A d e l h. So früh.

W e i s. Seit drey Tagen und Nächten kenn ich keinen Unterschied von früh und spat. Diesen Augenblick stirbt unser Kayser, und grosse Veränderungen drohen herein. Eben krieg ich einen Brief mit der Nachricht, dass der Bäurische Aufruhr durch eine entscheidende Schlacht gedämpft sey, die Rädelsführer sind gefangen und Gottfried von Berlichingen unter ihnen.

A d. Ah.

W e i s. Der Bund ersucht mich. Die Stelle des ersten Commissarius in dieser Sache zu übernehmen, damit er nicht scheine sein eigner Richter seyn zu wollen.

A d e l h. Und du übernimmst.

W e i s. Nicht gern, ich wollte den reichlich belohnen der mir die Nachricht von Gottfrieds Todte brächte, – ihn selbst zu verdammen –

A d e l h. Hast du nicht das Herz.

W e i s. Ich hab's nicht so bös.

A d e l h. Du bist von ieher der Elenden einer gewesen, die weder zum Bösen noch zum Guten einige Krafft haben.

W e i s. Und wie du gemacht wurdest wetteten Gott und der Teufel um's Meisterstück. Die Himmlische Weisheit bildete diesen englischen Körper und beschenckte ihn mit einem übermenschlichen Genius, Da kam der Teufel mit einem Tröpfgen höllischen Feuers, das wir mit einem Schwachen Wort Hass nennen – Aus iedem Tröpfgen quillt ein Meer von Glut. – und warf s in dein Herz – und gewann. *(ab.)*

Adelh. Geh nur. Das fehlte noch dass er sich zu überheben anfängt. Wir wollens ihm wehren. Gottfried soll aus der Welt da befrey ich Sickingen von einem leidigen Bande. Und dann Weislingen mach dich zur Ruhe gefasst du bist zu ein fauler Geselle, als dass ich auf der Reise länger dich fortschleppen solle. Lieg! Lieg! Versteck dich unter den Boden du Feiger. es dürfen tausend Herolde, drey Schritte von dir, tausend herausforderungen herab trompeten, und du kannst in ehren ausenbleiben. *(ab.)*

Kercker

Gottfried. Elis.

Elis. Ich bitte dich rede mit mir lieber Mann, dein stillschweigen ängstigt mich. Du verglühst in dir selbst. Ach ich wollte lieber die Flammen in meinen Gemächern sich begegnen, als diese tiefe Verzweiflung dein Gehirn durchschleichen sehen. Rede mit mir lass mich deine Wunden verbinden wir wollen sehen ob sie besser geworden sind, dass nur deine Seele durch die geringste Tätigkeit, durch eine dämmernde Hoffnung, und wenns Abenddämmerung wäre, aus sich selbst heraus gerissen werde.

Gottfr. Sie haben mich nach und nach verstümmelt meine Hand meine Freyheit, Güter, und guten Nahmen. Das schlechste haben sie zuletzt aufbehalten, meinen Kopf, was ist der ohne das andre.

Elis. Welch eine muthlose Finsterniss! Ich finde dich nicht mehr.

Gottf. Wen suchtest du. Doch nicht Gottfrieden von Berlichingen. Der ist lang hin. Das Feuer des Neids hat seine Dächer verbrandt sie sind übereinander gestürzt, und haben die Mauern mit erschlagen, das verwuchs mit Epheu, und die Bauern führten Steine davon den Grund ihrer Häuser damit zu legen. Wölfe wohnten im Gesträuch, und die Eule sitzt in der Mauer, du findest hier nur ein verfallen Gewölb eines stolzen schlosses worinn der Geist seines Alten Besitzers ächzend herumgleitet.

Elis. Lieber Mann Lersee wird bald kommen.

Gottfr. Glaubst du.

Elis. Ich erzählts euch ia gestern.

Gottfr. Ich weis nichts davon.

Elis. Du merckst nicht auf wenn ich rede. Ich gieng zu einem der Kays: Regiments Räthe, und bat ihn Lerseens Bann aufzutuhn. Du seyst arm und alt und unglücklich, der einzige Diener sey dir blieben. Er hies mich wieder kommen, und da sagt er mir zu, er soll los auf Urphede sich auf Marientag nach Augsb. zustellen. Der Rath von Hailbr. hab den Auftr. ihn schwören zu lassen. Ich schrieb ihm.

Gottf. Ich werde Freud haben ihn zu sehn, Auf Marie Himmelfahrt nach Augsb. Bis dahin werd ich sein nicht mehr bedürfen.

Elis. Richtet euch auf. Es kann alles sich wenden.

Gottf. Wen Gott niederschlägt, der richtet sich selbst nicht wieder auf. Ich weis am besten was auf meinen Schultern liegt. Es ist nicht das Unglück. Ich habe viel gelitten. Liebe Frau wenn so von allen Seiten die Wiederwärtigkeit[en] hereindringen und ohne Verbindung unter sich selbst auf einen Punckt dringen, dann dann fühlt man den Geist der sie zusammen bewegt. Es ist nicht Weislingen allein, Es sind nicht die Bauern allein es ist nicht der Todt des Kaysers allein. Es sind sie alle zusammen. Meine Stunde ist kommen. Ich hoffte nicht dass es eine der Wintermitternächtlichsten seyn sollte.

Vorm Gefängniss

Lersee. Elis.

Lers. Gott nehm das Elend von euch. Marie ist hier.

Elis. Marie.

Lers. Auf euern Befehl bracht ich ihr Nachricht von allem. Sie antwortete mir nichts als Lersee ich geh mit dir. Sie ängstet sich ihren Bruder zu sehen. Ach gnädge Frau ich fürcht alles. Weislingen ist erster Commissarius und man hat schon mit unerhörten Ex[ek]utionen den Anfang gemacht. Jörg Metzler ist lebendig verbrannd, die andern gerädert enthauptet, gevierteilt. das land rings umher gleich einer Metzge wo menschenfleisch wohlfeil ist.

Elis. Weisl. Commissar. Wo ist Sickingen.

Lers. Ihr hörtet nichts von seiner Unternehmung. So bald der Kayser die Augen zugetahn hatte griff er nach den Waffen und überfiel Trier unversehens. Es ist eine schröckliche Bewegung im Reich über das.

Elis. Weisl. Commissar. Ein Strahl! ein Strahl von Hoffnung. Wo ist Marie.

Lers. Im Wirthshause.

Elis. Führe mich zu ihr.

Weisl. Schloss

Adelh. Es ist getahn. Es ist getahn. Er hat Gottfriedens Todtesurteil unterschrieben; und schon trägt das fliessende Wasser auch seine Lebenskräffte der Verwesung entgegen. Schwarze Mutter, wenn du mich betrogen hättest, wenn deine Sympatien leeres Gauckelspiel wären. Gifft! Gifft! – Du Fluch des Himmels der du unsichtbaar um Missetähter schwebst, und die Lufft vergifftest die sie einziehen, stehe meinen Zaubermitteln bey, verzehre verzehre diesen Weislingen, den Verrähter an der ganzen Welt. rette mich aus seinen todten Umarmungen, und lass meinen Sickingen seiner Wünsche teilhafftig werden, und mich des meinigen. Siege Siege würdigster schönster Mann, den schönsten Sieg! Und dann flieg in meine Arme, die heisseste Brust des Überwinders, soll an diesem Busen noch erwärmter werden.

Franz. Die Pferde sind gesattelt.

Ad. Gut. Ich muss noch von meinem Mann Abschied nehmen. Was hast du, du siehst so kummervoll.

Franz. Es ist euer Wille dass ich mich todt schmachten soll. In den Jahren der Hoffnungen macht ihr mich verzweifeln.

Adelh. Er dauert mich. Es kostet mich nichts ihn glücklich zu machen. Franz du rechenst deine Die[n]ste hoch an.

Fr. Meine Dienste für nichts gnädge Frau. aber meine Liebe, kann ich nicht geringer schatzen als mich selbst denn sie füllt mich ganz ganz.

Adelh. Begleitst du mich.

Fr. Wenn ihrs befehlt.

A d e l h. Komm nur mit. *(ab.)*

F r. Sie lächelt. Unglücklicher Junge, so führt sie dich herum. Meine Hoffnung krümmt sich, und kann nicht ersterben. Sie ist ich selbst, ach muss ich ihr nicht Arzeney und Speisen reichen. *(ab.)*

[W i r t h s h a u s]

Elis. Marie.

E l i s. Ich bitte dich Marie tuhs. Wenns was geringers wäre als deines Bruders leben, wollt ich dich abhalten, diesen Menschen wiederzusehen. Er ist der oberste Commissarius und kann alles.

M a r. Wie wird mirs seyn wenn er mich verächtlich fortschickt.

E l i s. Er wirds nicht tuhn. Er hatte von ieher ein zu weiches Herz, und der Anblick dessen dem wir unrecht getahn haben, im Elend, hat so was greifendes, dass die menschliche Natur ihm nicht wiedersteht.

M a r. Was wird Sickingen sagen.

E l i s. Billigen wird ers. Und täht er's nicht so war das Leben deines Bruders wohl ein sauers Wort von deinem Manne wehrt.

M a r. Ich habe zwey Reuter. Ich will fort. Lass mich Gottfr. erst sehen.

E l i s. Nein! Nein! Ich fürchte jeden Augenblick. Geh liebe, und sieh ihn Jahre lang. Er ist der edelste unter den Menschen. *(ab.)*

A d e l h a i d e n s S c h l o s s

Adelhaid Franz (in ihren Armen).

A d e l h. Verlass mich Franz, der Wächter singt auf dem Turn, heimlig schleicht der Tag heran. Dass niemand erwache und in den Busen unsers Geheimnisses verrathe.

F r. Soll ich fort. O das geht über alle Höllenstrafen die glückseeligkeit des Himmels nur einen kleinen Augenblick zu geniesen. Tausend Jahre sind nur eine halbe Nacht. Wie hass ich den Tag. Lägen wir in iener uranfänglichen Nacht, eh das Licht gebohren ward. Oh. ich würde an deinem busen der ewigen Götter einer seyn, die in brütender Liebeswärme in sich selbst wohnten, und in einem

Punckte die Keime von tausend Welten gebahren, und die Glut der Seeligkeiten von tausend Welten auf einen Punckt fühlten.

A d e l. Verlass mich kleiner Schwärmer.

F r. Der schwärmt wer nichts fühlt, und schlägt mit seinen Flügeln den Leeren Raum, ich binn so in Freude versuncken dass sich keine Nerve rühren kann.

A d e l h. Geh. Die Knechte stehen früh auf.

F r a n z. Lasst mich! Reisst mich nicht so auf einmal aus der Hitze in den Frost. Die leere Erinnerung würde mich rasend machen.

A d e l h. Wenn sich nicht hoffnung zu ihr gesellte.

F r. Hoffnung – du schön Wort. Ich hatt sie ganz vergessen. Die Fülle des Genusses lies keiner Hoffnung Plaz. – Das ist das erstemal in meinem leben das ich hoffe. Das andre waren Maulwurfs Ahndungen. – Es tagt. – Ich will fort! – *(er umarmt sie.)* So ist kein Ort der Seeligkeit im Himmel. Ich wollte meinen Vater ermorden wenn er mir diesen Platz streitig machte. *(ab.)*

A d e l h. Ich habe mich hoch ins Meer gewagt, und der Sturm fängt an fürchterlich zu brausen. Zurück ist kein Weeg! Weh weh! Ich muss eines den Wellen preis geben um das andre zu retten. Die leidenschafft dieses Knaben, droht meinen Hoffnungen. – Könnte er mich in Sickingens armen sehen, er der glaubt, ich habe alles in ihm vergessen weil ich ihm eine Gunst schenckte in der er sich ganz vergass. – Du must fort – du würdest deinen Vater ermorden – Du musst fort. Eben der Zauber-Gifft der deinen Herren zum Grab führt, soll dich ihm hinter drein bringen. Er soll. – Wenn's nicht fürchterlicher ist zu sterben als einem dazu zu verhelfen. So tuh ich euch kein Leids. Es war eine Zeit wo mir graute. So sind alle Sachen wenn sie in die Nähe treten, alltäglich. *(ab.)*

[Es folgen 104,28–105,33.]

[W e i s.] *(er geht nach seinen Tisch.)*
Hier ist das Todtesurteil deines Bruders, unterschrieben.

M a r. Heiliger Gott.

W e i s. Und hier zerreiss ich s. Meine letzten Kräffte sollen um seine Befreyung ringen. *(Er setzt sich zu schreiben.)* Könnt ich, könnt ich retten, was ich ins Verderben stürzte.

Mar. *(vor sich).* Er ist sehr kranck. Sein Anblick zerreist mir das Herz. Wie liebt ich ihn! Und wie ich sein Angesicht sehe fühl ich wie lebhafft. Er hatte meine ganze Liebe er hat mein volles Mitleiden.

(Weis. zieht die Schelle.)

Fräulein (kommt weinend).

Weis. Ein Licht. Bist du allein da. Wo ist Franz wo die andern!

Fr. Ach Herr.

Mar. Wie ich herein kam sah ich niemanden auser dem Tohrwächter.

Fräul. Sie haben diese Nacht geraubt was sie kriegen konnten den Tohrwächter mit Dolchen genötigt aufzuschliessen und sind davon.

Weis. Dancke Dir Gott ich soll noch büsen eh ich sterbe. Und Franz.

Fr. Nennt ihn nicht, es dringt mir durch die seele. Ein noch schröckliche[r]s Fieber als euch ermattet, wirft ihn auf seinem Lager herum, bald rasst er an den Wänden hinauf als wenn an der Decke seine Glückseeligkeit gehafftet wäre, bald wirft er sich auf den Boden mit rollen[den] Augen schröcklich schröcklich. Dann wird er still und matt, und blickt mir mit Tränen in den Augen, und seuftzt – und – nennt eure Gemalin.

Weis. Er hing sehr an ihr.

Marie. Es ist traurig.

Fr. Es ist mehr als das. Eine weise Frau aus dem Dorfe die ich herauf rief, Beteuerte seine Lebenskräfte seyen mit schröcklichen Zauberformeln mit der Verwesung gepaart, er müsse sich verzehren und sterben. –

Weis. Aberglauben.

Fr. Wolte Gott. Aber mein Herz sagt mir dass sie nicht lügt. ich sagte ihr euern zustand sie schwur das nehmliche, und sagte ihr müsst verzehren und sterben.

Weis. Das fühle ich. Es sey nun[?] durch Wunderbaaren unbegreifflichen Zusammenhang der Natur oder durch Höllische Kräfte. Das ist wahr vor weniger Zeit war ich frisch und Gesund. Ein Licht. –

(Fr. ab.)

Alles was ich kann enthält dieser Brief. Gieb ihn dem von Seckendorf dem Regiments Rath in seine Hände er war immer mir entgegen, ein Herz voll Liebe. Was seyn kann wird seyn. – Du bist zu einer grausamen Scene Gekommen. Verlassen von aller Welt, im Elend der iämmerlichsten Kranckheit, beraubt [von] denen auf die ich traute – Siehst du ich binn gesuncken, tief tief.

Mar. Gott richt euch auf.

Weis. Der hat lang sein Antliz von mir Gewendet. Ich binn meinen eignen Weeg gegangen den Weeg zum Verderben.

Fr. (mit Licht).

Weis. Ist der Bote noch nicht zurück den ich nach meiner Frau sendete. Gott ich binn ganz allein mit dir armem Mädgen

Fr. Ach Gnädger Herr.

Weis. Was hast du.

Fr. Ach sie wird nicht kommen.

Weis. Adelhaid. Woher weis dus.

Fr. Lasst mich's euch verschweigen.

Weis. Rede der Todt ist nah und die Hölle mir, was kann mich tiefer stosen.

Fr. Sie wartet auf euern Todt. Sie liebt euch nicht.

Weis. Das letzte fühlt ich lang, das erste vermuthet ich. Marie siegle du, ich binn zu schwach.

Fr. Sie hasst euch, sie wünscht euren Todt. denn sie brennt für den edlen von Sickingen sie liebt ihn biss zur Raserey. Und euer Todt –

Weis. Marie! Marie! Du bist gerächt!

Marie. Meinen Mann.

Fr. Ists euer Mann *(vor sich.)* wie lieb ist mirs dass ich nicht mehr gesagt habe.

Weis. Nimm deinen Brief und geh liebe Seele. Geh aus der nachbaarschafft dieser Hölle.

Marie. Ich will bey dir bleiben armer Verlassner.

Weis. Ich bitte dich geh. Elend! Elend! ganz allein. Zu sterben von niemanden gepflegt von niemanden beweint. Schon die Freudenfeste nach seinem Todt vorsummen hören. Und den letzten einzigen Trost. Marie deine Gegenwart. Ich muss dich weg bitten. Das ist mehr Quaal als alles.

Mar. Lass mich. Ich will deiner warten. Denck ich sey ein[e] Warterinn dieses Mädgens Schwester. Vergiss alles. Vergesse dir Gott so alles wie ich dir alles vergessen.

W e i s. Du Seele Voll Liebe bete für mich bete für mich. Mein Herz ist verschlossen. Sogar ich fühle nur elend in deiner Liebe.

M a r. Er wird sich deiner Erbarmen. – Du bist matt.

W e i s. Ich sterbe sterbe und kann nicht ersterben. Und in dem fürchterlichen Streit des Lebens und Todts zerrissen schmeck ich die Quaalen der Hölle all vor.

M. Erbarmer erbarme dich seiner. Nur einen liebevollen blick in sein Herz. dass es sich zum Trost öffne, und Sein Geist Hoffnung Lebens Hoffnung in den ewige Todt hinüber bringe.

[Es folgen 107,25–108,33.]

W i r t h s h a u s

Marie. Lersee.

M. Endlich komm ich und bringe Trost guter Mann. Führe mich zu meinem Bruder.

L e r s e e. Wenn ihr ein Engel des himmels wärt und ein Wunderevangelium verkündigtet, Dann wollt ich sagen willkommen. Solang euer Trost auf dieser Erde gebohren ist, so lang ist er ein irdischer Artzt, dessen Kunst iust in dem Augenblick fehlt, wo man seiner Hülfe am meisten bedarf.

M a r i e. Bring ich nichts wenn ich sage Weislingen ist todt, durch ihn und in ihm Gottfriedens Todesurteil und Gericht zerrissen. Und wenn ich hier einen Zettel darlege, der von Seiten der Kayserlichen Commission Gottfriedens Gefängnis erleichtert.

L e r s e. Müsst ich dir nicht dagegenrufen Gorg ist todt.

M a r. Georg der goldne Junge. Wie starb er.

L e r s e e. Als die Nichtswürdigen Miltenberg verbrannten, sandt ihn sein Herr ihnen Einhalt zu tuhn, da fiel ein Trupp Bündischer auf sie los. Georg! Hätten sie sich alle gewehrt wie er! – Sie hätten alle das gute Gewissen haben müssen. Viele retteten sich durch die Flucht, viele Gefangen, einige erstochen. Und unter den letzten blieb Gorg. Er starb einen Reuter todt. O dass ich ihm hätte die Augen zu drücken, und hören können wie sein letztes Wort euern Bruder seegnete.

M a r. Weis es Gottfr.

L e r s e e. Wir verbergens vor ihm. Er fragt mich zehenmal und schickt mich zehenmal des Tags zu forschen was Georg macht. Ich fürchte seinem Herzen diesen letzten Stos zu geben. Denn ach muss ichs euch sagen Marie, sein alter schweer verwundeter Körper hat nicht Kräffte genug einem druckenden Gefängniss, und dem mächtigen Kummer zu wiederstehen, der ihn mit allen Otterzungen anfällt. Ich glaubte nicht dass er eure Rückkunft erleben würde.

M. O Gott sind denn die Hoffnungen dieser Erde Irrlichter, die unsrer zu spotten, und uns zu verführen, mutwillig in ängstlicher Finsterniss, einen freundlichen Strahl zu senden, scheinen. Bring mich zu ihm.

A d e l h a i d e n s S c h l a f z i m m e r

[A d e l h a i d.] Dass es Morgen wäre! Mein Blut wird wie von seltsamen Ahndungen herumgetrieben, und der Sturm vertreibt den ruhigen Wandrer Schlaf. Ich binn müd dass ich weinen mögte, und meine Begierde nach Ruhe, zählt ieden Augenblick der ewigen Nacht und sie wird im fortschreiten länger. Es ist alles so dunckel. Kein Stern am Himmel! Düster, stürmisch! In einer solchen Mitternacht fand ich dich Sickingen in einer solchen Nacht hatt ich dich in meinen Armen. Meine Lampe mangelt Öls. Es ist ängstlich in der Finsterniss zu wachen. *(Sie zieht die Schelle.)* Mag ein Knecht seinen Schlaff verlassen Ich binn so allein. Die mächtigsten Leidenschafften waren meiner Seele Gesellschafft genug! Dass ich in der fürchterlichsten Höle nicht allein gewesen wäre. Sie schlafen auf einmal, und ich stehe nackend, wie ein Missetähter vor Gericht. – Ich liess mein Mädgen – Ob Weislingen todt ist. – *(Sie zieht die Schelle.)* es hört niemand, Der Schlaff hält ihnen die Ohren zu! Ob Franz todt ist – es war ein lieber iunge – *(Sie setzt sich an Tisch.)* Sicking. Sickingen. *(sie schläfft ein.)*

F r a n z *(zeigt sich an)*. Adelhaid!

M ö r d e r *(kommt unterm Bett hervor)*. Endlich schläfft sie, sie hat mir die Zeit lang gemacht.

G e i s t. Adelhaid! *(verschwindet.)*

A d e l h. *(erwacht)*. Ich sah ihn! Er rang mit der Todtesangst! Er rief mir! rief mir! Seine Blicke waren hohl und liebevoll – Mörder! Mörder!

Mörder. Rufe nicht! Du rufst dem Todt! Rache Geister halten der Hülfe die Ohren zu.

Adelh. Willst du mein Gold. Meine Juweelen nimm sie lass mir das Leben.

Mörd. Ich binn kein Räuber. Finsterniss hat Finsterniss gerichtet, und du must sterben!

Adelh. Wehe! Wehe!

Mörd. Über deinen Kopf. Wenn die scheusliche Gestalten deiner Tahten, dich nicht zur Hölle hinab schröcken, so blick auf, blick auf zum Rächer im Himmel, und bitt mit dem Opfer genug zu haben, das ich ihm bringe.

Adelh. Lass mich leben! Was hab ich dir getahn ich umfass deine Füsse.

Mörder *(vor sich)*. Ein Königliches Weib. Welcher Blick welche Stimme. In ihren Armen würd ich elender ein Gott seyn. – Wenn ich sie täuschte! – Und sie bleibt doch in meiner Gewalt! –

Adel. Er scheint bewegt.

Mörd. Adelh. Du erweichst mich. Willst du mir zugestehn.

Adelh. Was.

Mörd. Was ein Mann verlangen kann, von einer schönen Frau! in tiefer Nacht.

Adelh. *(vor sich)*. Mein Maas ist voll. Laster und Schande haben mich wie Flammen der Hölle mit teuflischen Armen umfasst. Ich büse büse. Umsonst suchst du laster mit laster, Schande mit Schande zu tilgen. Die scheuslichste Entehrung und der schmählichste todt, in einem Höllenbild vor meinen Augen.

Mörd. Entschliesse dich.

Ad. *(steht auf)*. Ein Strahl von Rettung.

(sie geht nach dem Bette er folgt ihr sie zieht einen Dolch von häupten, und sticht ihn.)

Mörder. Biss ans Ende Verrätherinn. *(er fällt über sie her und erdrosselt sie.)* Die Schlange. *(er giebt ihr mit dem Dolch Stiche.)* A[u]ch ich blute. so bezahlt sich dein blutig Gelüst – Du bist nicht der erste – Gott machtest du sie so schön, und konntest du sie nicht gut machen. *(ab.)*

Ein Gärtgen am Gefängniss

Gottfr. Elis. Mar. Lersee.

Gottfr. Tragt mich hier unter diesen Baum, dass ich noch einmal die Lufft der Freyheit aus voller Brust in mich sauge, und sterbe.

[Es folgen 110,37–111,35.]

2. *Goethes Bühnenbearbeitungen des »Götz«*

a) Goethe nahm 1804 eine Umarbeitung des »Götz« für die Weimarer Bühne vor, die er selbst so charakterisiert:

»Wir sprechen zuletzt von dem im September 1804 zum ersten Mal auf dem Theater erschienenen ›Götz von Berlichingen‹. Obgleich Schiller diese neue Bearbeitung selbst nicht übernehmen wollte, so wirkte er doch dabei treulich mit und wußte durch seine kühnen Entschließungen dem Verfasser manche Abkürzung zu erleichtern und war mit Rath und That vom ersten Anfang bis zur Vorstellung einwirkend. Da es auf wenigen Theatern aufgeführt wird, so möchte wohl hier der Gang des Stücks kürzlich zu erzählen und die Grundsätze, nach welchen auch diese Redaction bewirkt worden, im Allgemeinen anzudeuten sein«.

Es folgt eine ausführliche Inhaltsangabe des in der Handlung kaum veränderten Stückes. Goethe schließt:

»Die Maximen der frühern Redactionen wurden auch hier abermals angewendet. Man verminderte die Scenenveränderungen, gewann mehr Raum zu Entwickelung der Charaktere, sammelte das Darzustellende in größere Massen und näherte mit vielen Aufopferungen das Stück einer echten Theatergestalt. Warum es aber auch in dieser Form sich auf der deutschen Bühne nicht verbreitet hat, hierüber wird man sich in der Folge zu verständigen haben.«

(Morgenblatt für gebildete Stände, 10. und 11. April 1815)

Wie der letzte Satz zeigt, war auch diese Lösung nicht befriedigend, allein schon aus dem äußeren Grund, daß die erste Aufführung vom 22. September 1804 volle sechs Stunden dauerte. Zudem war Goethe innerlich seinem Jugendwerk so ferngerückt, daß diese Götz-Bearbeitung in der Forschung allgemein als die unglücklichste aller eigenhändigen Bearbeitungen Goethes gilt. Otto Brahm hat sie im »Goethe-Jahrbuch« ausführlich behandelt (s. Kap. IX). Während knappe Szenen, die eine Veränderung des Schauplatzes erforderten, gestrichen wurden, verbreiterte Goethe einige alte Szenen und fügte neue längere hinzu. Diese Zusätze und Veränderungen sind vor allem auf den Publikumsgeschmack berechnet: Selbitz und der Hauptmann der Reichsexekution werden zu komischen Figuren, Liebetraut wird durch einen regelrechten Narren ersetzt, opernhafte Aufzüge zu Zelterscher Musik kommen hinzu, die Szenen der Zigeuner und des Femgerichts werden vervielfacht, die Liebeshandlungen werden sentimentaler, die Biederen im Stück wie Götz und Georg legen eine »effektvolle Theaterfrömmigkeit« an den Tag und sind sich ihrer Biederkeit durchaus bewußt (Brahm). Gleichzeitig erfuhr der Geist des alten Stücks eine durchgreifende Veränderung, gemäß der Änderung der Zeit und des Dichters: die Französische Revolution hatte stattgefunden, und Goethe war seit langem Minister. Das Sturm-und-Drang-Begehren nach Freiheit ist ihm suspekt geworden, und so wird das Hoch auf den Kaiser, das 1773 nur das vorletzte sein durfte (vgl. 75,16 ff.) zum letzten Ruf der Belagerten. Götz' letzte Worte »Freiheit! Freiheit!« werden so völlig beziehungslos, und in einer weiteren Änderung entfernte Goethe sie sogar von der beherrschenden Position am Schluß des Dramas. Statt dessen beendete eine Sitzung des Femgerichts das Stück, und die letzten Worte lauten: »Erscheine Tag den Völkern, verleihe glückliche Thätigkeit, und zum Pfande *gesetzlicher* Freiheit walte von oben im Lichtglanz Gerechtigkeit« (Brahm, S. 200 f.). Zu solch ministeriellen Tendenzen gehört auch die Ausmerzung sämtlicher Stellen, die gegen die Fürsten gerichtet sind und die doch zum historischen Kern des »Götz« gehören.

b) Wegen der übermäßigen Länge des Stücks ließ Goethe am 28. September den ersten bis dritten, am 14. Oktober den dritten bis fünften Akt spielen. Aufgrund der Publikumsreaktion auf die einzelnen Szenen nahm er dann eine Kürzung vor, die zum erstenmal am 8. Dezember auf der

Bühne erschien und in den nächsten Jahren häufiger vom Weimarer Theater gespielt wurde. Goethe bestimmte diese Fassung, die Iffland auch für Berlin übernommen hatte, zusammen mit der Fassung von 1771 zum Druck im zweiten Nachlaßband der Ausgabe letzter Hand.

c) 1809 griff Goethe die ausführlichere Gestalt der Bühnenbearbeitung wieder auf. Er teilte die ersten beiden Akte in vier und gab ihnen den Titel »Adelbert von Weislingen«, während die letzten drei Akte zum »Götz von Berlichingen, Ritterschauspiel in fünf Aufzügen« wurden. Der »Weislingen« wurde am 23. Dezember 1809 in Weimar gespielt, der »Götz« drei Tage später. Dieser auf den dritten bis fünften Akt beschränkte »Götz« wurde dann 1810 und 1811 auch allein aufgeführt.

IV. Quellen und Grundlagen des Dramas

1. Die »Lebens-Beschreibung Herrn Gözens von Berlichingen«

Die bei weitem wichtigste Quelle Goethes war die 1731 von Georg Tobias Pistorius bei Felßecker in Nürnberg herausgegebene »Lebens-Beschreibung Herrn Gözens von Berlichingen, Zugenannt mit der Eisern Hand, Eines zu Zeiten Kaysers Maximiliani I. und Caroli V. kühnen und tapfern Reichs-Cavaliers«. Im folgenden werden nach dem von Leitzmann besorgten Neudruck Stellen, die Goethe wörtlich entlehnt hat oder die ihn zu Szenen angeregt haben, in der Reihenfolge wiedergegeben, in der sie in Goethes Drama erscheinen.

6,2–6:
»Indem aber erfuhr ich, daß er der Bischoff von Bamberg gen Göppingen in Sauerbronnen ins Wildbad geritten war, und wolt baden für den reissenden Stein, so hett ich es guth im Sinn, ich wolt ihm das Bad geseegnet und ihne ausgerieben* haben.« (S. 76)

* »Reiben, ausreiben, fricare, frotter ist hier methaphoricè zu verstehen, und will so viel sagen, daß er gemacht haben wolte, daß ihm die Bad-Cur übel bekommen hätte. Denn in denen Bädern reibet man die Patienten insgemein mit Tüchern, und wann es zum Ende gehet, so reibet man einen aus.« [Anm. des Pistorius.] (S. 76)

8,37–9,2:
»Und wie ich nun an ihne kam, da must er ein tiefen hohlen Weg hinein dem Dorff zu, und hett ich noch weit an das Eck, da der Weg hinein gieng, und ließ ihne den Hohlen Weg einher reiten, und schoß ihn uf den Rucken hinweg, nun wolt ich das Arm-Brust wol wieder ufbracht haben, dacht aber, er wird dein nit warten, weil er auch ein Pfeil uf dem Arm-Brust hat, und hette ich keinen Menschen nit bey mir, und ließ es derhalben mit dem Arm-Brust bleiben, und rannt ihm nach die Höhle hinein, und da er sahe, daß ich das Arm-Brust nit uf bracht, wartet er mein vorm Thor, biß ich schier zu ihm kam, da schoß er her, und schoß mich vorn auf den Krebs, daß der Pfeil zu Spreisseln gieng, und sprangen mir über den Kopff hinauß, da wurff ich ihme den

nechsten mein Arm-Brust an Halß, dann ich hett kein Pfeil darauf, und mit dem Schwerdt rauß, und rannt ihn zu Boden, daß sein Gaul mit der Naßen auf der Erden lag.« (S. 50 f.)

»Und fieng ihn, daß er globen und schwören must, daß er mir mein Arm-Brust wieder heraus bringen wolt, dann ich hett es nach dem Affen, da er mich, wie vorgemelt schoß, geworffen, da ich dann nit so viel Weil hett, daß ich es wieder hett langen mögen, sondern must es also im Weg liegen lassen.« (S. 52)

13,3:

»Und wie ich also halt, und sahe nach dem Vortheil, so haben die Nürnbergischen das Geschüz in unß gericht, in Feind und Freund, wie vorgemelt, und scheußt mir einer den Schwerd-Knopf mit einer Feld-Schlangen entzwey, daß mir das halbe Theil in Arm gieng, und drey Arm-Schienen damit, und lag der Schwerd-Knopf in Arm-Schienen, daß man ihn nit sehen kunt, also, daß mich noch wundert, daß es mich nicht vom Gaul herab gezogen hat, dieweilen die Arm-Schienen ganz blieben, dann allein die Ecken, wie sie sich gebogen hetten, gieng noch ein wenig herauß, aber der Schwerd-Knopf lag wie gemeldt, in Arm-Schienen drinnen, das andere Theil des Knopfs und die Stangen am Schwerdt-Hefft hett sich gebogen, war aber doch nit entzwey, daß ich gedenck, die Stang und das andere Theil vom Knopf hab mir zwischen dem Handschuh und dem Arm-Zeug die Hand herabgeschlagen, also, daß der Arm hinten und vornen zerschmettert war, und wie ich so das siehe, so hengt die Hand noch ein wenig an der Haut, und leit der Spieß dem Gaul unter denen Füssen, so thet ich eben als wäre mir nichts darum, und wandt den Gaul allgemach um, und kam dennoch ungefangen von denen Feinden hinweg zu meinem Hauffen.« (S. 60)

13,4–16:

»Und von der Zeit an, am Sonntag nach St. Jacobs-Tag, da bin ich zu Landshut gelegen, biß um Faßnacht aussen, was ich die Zeit für Schmerzen erlitten habe, das kan ein jeglicher wol erachten, und wäre das mein Bitt zu GOtt, die ich thet, wann ich in seiner Göttlichen Gnad wäre, so solt er im Nahmen GOttes mit mir hinfahren, ich wäre doch verderbt zu einem Kriegsmann, doch fiel mir ein Knecht ein, von dem

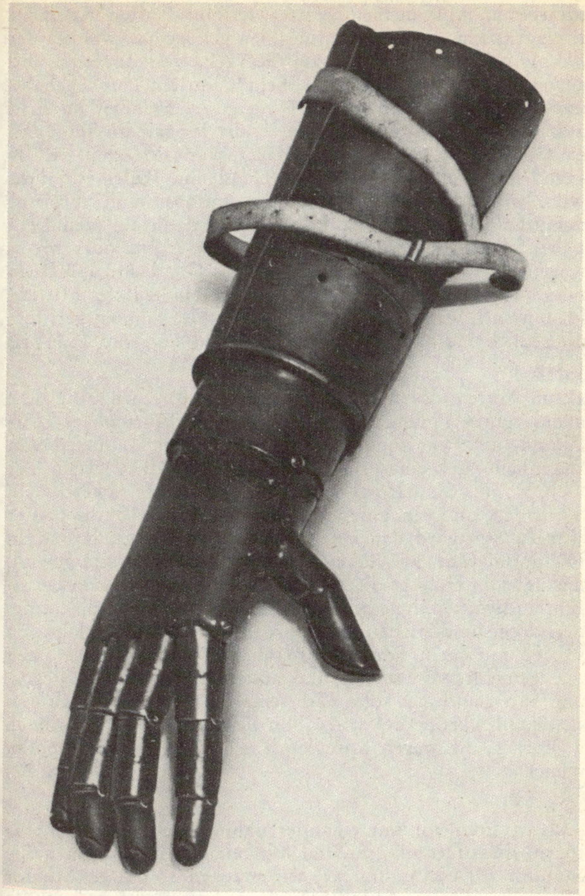

Handprothese Götz von Berlichingens. Museum Jagsthausen

ich etwann von meinem Vatter seel. und alten Knechten Pfalzgräfischen und Hohenlohischen gehört het, welcher der Köchle geheissen, und Herzog Georgens von Bayern Feind gewest ist, der hette auch nit mehr dann ein Hand gehabt, und hette eben alsobald ein Ding gegen Feinden im Feld ausrichten können, als ein anderer, der lag mir im Sinn, daß ich GOTT aber anrufft und gedacht, wann ich schon zwölff Händ hette, und sein Göttliche Gnad und Hülff mir nicht wohl wöllt, so were es doch alles umsonst, und vermeint derenthalben, wann ich doch nit mehr dann ein wenig ein Behelff hette, es were gleich *Eine Eiserne Hand*, oder wie es ware, so wolt ich dennoch mit GOttes Gnad und Hülff im Feld noch irgend so gut seyn als sonsten ein heilloser Mensch, ich bin auch seithero mit desselben Köchles Söhnen geritten, die redlich und berühmt Knecht gewesen.« (S. 61 f.)

15,27–40:
»Zum Achten, des andern Jahrs darnach schrieben mir etliche meiner guten Freund Herzog Ulrichs von Würtenberg Hof-Gesind, und war sonderlich mein Schweher Reinhard von Saxenheim seel. einer, und baten mich von eines wegen, der hieß Hannß Sindelfinger, und war seines Handwercks ein Schneider, und ein guter Ziel-Schüz mit der Büchsen, der war zu Stuttgard daheim, und hat zum Ziel geschossen zu Cölln, und war, wie ichs behalten, 100. fl. das Beste gewest, das gewann er, aber die von Cölln hetten ihn darum betrogen, und wolten ihme nichts geben, so hat er vielleicht solches den Hof-Junckern zu Stuttgard gesagt, und geklagt, da schrieb mir mein Schweher Reinhard von Saxenheim seel. wie gemeldt, von seinet- und andern Hof-Gesinds wegen, und baten mich, ich solte mich seiner annehmen, das ich nun thet, und wurden der von Cölln Feind, und wurffen ihnen 2. Burger, die waren Kauffleuth, ein Vatter und ein Sohn, nieder.« (S. 72)

17,6–11:
»Also fuhren wir mit einander dahin, mit all seinen Reuthern, die führt ich ein Weil mit mir biß irgend ein halbe Stund in die Nacht, und wie wir anzogen, so hüt ein Schäfer allernechst darbey, und zum Wahrzeichen, so fallen 5. Wölff in die Schaaf, und griffen auch an, das hört und sahe ich gerne, und wünscht ihnen Glück, und uns auch, und sagt zu

ihnen, glück zu lieben Gesellen, glück zu überall, und ich hielt es für ein Glück, dieweil wir also mit einander angriffen hetten.« (S. 126)

17,33 f.:

»Als ich aber nicht viel Lust zur Schulen, sondern vielmehr zu Pferden und Reuterey trug, und mich dabey finden ließ, bin ich folgends alsbald nach demselben zu Herrn Conrad von Berlichingen, Ritter / meinem Vetter seel. kommen.« (S. 13)

18,10–31:

»Wie aber mirs darnach mit dem Bischoff von Bamberg zu Heydelberg ist gangen, davon will ich jetzt auch mit der Kürz schreiben, da mein gnädiger Churfürst und Herr Pfalz-Graf Ludwig Hochlöbl. Gedächtnus sein Hochzeit hätte, mit Herzog Wilhelms von Bayern Schwester, da ritten unser viel junger Gesellen von Adel, wie man dann thut, auch dahin uf die Hochzeit, und hat einer ein Kleid wie der andere, das war nit köstlich weder Seyden oder Sammet daran, nun der arme Hauff wurde wol gehalten, und hetten viel guter Gesellen, und thet man unß schier mehr Ehr an, dann wir wehrt waren, man sazt unß auch allein zusammen, und truge sich die Handlung also zu: Martin von Sickingen mein Schwager und ich giengen in die Herberg zum Hirsch die Steigen hinauf, und mein Schwager vor mir, und wie man schier hinauf kommt auf die Steigen, da ist ein eyssernes Glenderlein, daran stunde der Bischoff von Bamberg, gab meinem Schwager Martin von Sickingen die Hand, gab sie mir auch, und wie er mir sie geben hett, so gieng ich hin zu Graf Ludwigen von Hanau, der stund zu nechst dabey, und war mir gar ein gnädiger junger Herr, und sagt zu ihm, der Bischoff hat mir die Hand geben, ich glaube, er hab mich nicht kennt, er hätte mir sie sonst nicht geben, und dergleichen, welches nun der Bischoff, als ich achte, gehört hett, dann ich rede laut, und gieng also der Bischoff wieder her zu mir, und sagt, er hette mir die Hand geben, aber mich nicht gekennt, da sagt ich, Herr ich hab wol gedacht, ihr habt mich nicht gekennt, und habt euch hiemit die Hand wieder. Da lief das Mändlein von mir hinein in die Stuben zu Pfalz-Graf Ludwig und Bischoff Lorenz von Würzburg beede meine gnädigst und gnädige Herren, und war als roth am Halß, als wie ein Krebs, so zornig war er, daß er mir die

Hand geben hett, dann er wuste wol, daß ich meinem Vettern Eustachius von Thüngen gedienet, da er ihme die Schiff uf dem Mayn niedergeworffen, so hätte ich auch zuvor selbs zween Händel mit ihme gehabt, die doch damalen wiederum gericht und vertragen waren.« (S. 86 f.)

19,21 ff.:

»Jaxthaussen ist ein Dorff an der Jaxt gelegen, so heut zu Tag noch denen Herren von Berlichingen zu stehet.« [Anm. des Pistorius.] (S. 24)

20,37–21,6:

»Folgends hat Marggraff Friderich Löbl. Gedächtnus mich als einen Knaben auferzogen, und must ich samt etlich viel andern Knaben auf Ihre Fürstl. Gnaden, wann Sie essen wolten, warten, wie ich dann thät, und begab sich auf eine Zeit, daß ich mich neben einen Polacken zum Essen niedersetzet, welcher sein Haar mit Eyer gebicht, und hätt ich zu allem Glück einen grossen welschen Rock an, den mir Herr Veit von Lentersheim zu Nämen in Braband hett lassen machen, und wie ich dann neben jetztbemelten Polacken heraus spring, hett ich ihme das hübsch Haar mit dem Rock etwas erwischt, und in einander verwirret, da ersiehe ich ohngefährlich im Springen, daß er nach mir sticht mit einem Brod-Messer / und hett doch mein verfehlet, welches mich nicht unbillig zum Zorn beweget, und wie wol ich einen langen und kurzen Degen bey mir hett, so nahm ich doch das kurze Degelein und schlug ihn damit um den Kopf, wartet aber doch nichts desto weniger auf mein Dienst, wie dann der Brauch war.« (S. 24 f.)

21,32:

»Da zogen wir gen Mez und blieben ungefehrlich 14. Tage daselbst liegen, darnach waren wir wieder auf, und zogen in welsch Braband, und säumten uns alldo auch ein Weil.« (S. 24)

23,15–21:

»Und den ersten Ritt, den ich bey ihme meinem Vetter gethan, der ist beschehen, als ihme Herr Marggraff Friderich von Brandenburg etc. zu Onolzbach auf dem grossen Reichs-Tag* gen Worms im Jahr, als man 1495. geschrieben / als ein Fürstl. Rath verordnet und geschickt, mit dem ich dann also in meiner Jugend auf solchen Reichs-Tag auch mitreihten must.« (S. 13 f.)

* »Dieser Reichs-Tag ist um deswegen vor andern berühmt, weil bey

solchem durch den Kayser Max. I. nicht nur der Königl. Land-Friede zum Stand gebracht, und hingegen das vorher so lang im Schwang gegangene Faust-Recht und Plackerey abgeschaffet, sondern auch das Kayserl. und des Reichs Cammer-Gericht etabliret worden.« [Anm. des Pistorius.] (S. 14)

33,38–34,2:
»Als ich nun erfuhr, daß der Bub eingelegt worden, schrieb ich dem Bischoff von Stund an, er solt mir den Buben ohne alle Entgeltnus wieder ledig lassen, dann ich hett mich der Untreu gegen ihne nit versehen, sonderlich uff das Ansprechen, so er zu Schweinfurt ihme eine Reiß zu dienen gegen mir gethan hette, und wo es nit geschehe, müst ich Nachdenckens haben, wie ich mein Buben wieder ledig macht. Da vertagt er den Buben von Pfingsten an biß uff Michaelis, daß er sich uff selbige Zeit wieder stellen solt.« (S. 75 f.)

39,16–18 (vgl. auch 23,21–24 u. 24,5–8):
»Aber er wurde treuloß und meyneydig an mir und an seinem Sohn, und verriethe mir den Buben, daß ihn der Bischoff von Bamberg, so Georg von Limburg gewesen, eingelegt, da wartete ich lang, wann er und der Bub käm, aber der Bub hielt sich so geschicklich, daß ich es kaum hinter ihm gesucht oder ihme anvertraut hätte«. (S. 74 f.)

39,26–29:
». . . und wiewol die Kayserl. Commissarii erzehlter massen verordnet gewesen, so wurde doch zur selbigen Zeit nichts ausgericht, und wolte ich damalen denen von Nürnberg wol all ihr Kriegs-Volck auch den Burgermeister selbs (der ein grosse guldene Ketten am Halß hangen, und ein Küriß Bengel in der Hand hett) auch alle ihre Reißige und ein Fähnlein Knecht, da sie für Hohen-Krehen zogen, mit der Hülff GOttes geschlagen, gefangen und niedergeworffen haben«. (S. 91 f.)

48,31 f.:
»Und kommt mir mein Unglück, darinn ich lange Zeit gewest, allein daher, wann ich mit meinen Feinden und Widerwärtigen gehandelt, daß ich ihnen vertraut hab, und vermeint ja solt ja seyn, und nein solt nein seyn, und was man einander zugesagt, daß man solches wie billig halten solt, darauf hab ich mich verlassen, vertraut und gemeint, andere Leuth sollen thun, wie ich mein Tag gethan hab, und (ob GOtt will,) noch thun will, durch solche Ursachen und zu

viel Vertrauen, bin ich, wie gemeldt, in all mein Unglück kommen und erwachsen«. (S. 175 f.)

54,8–55,17:
»Neben deme ist auch weiter wahr, als ich deren von Nürnberg Feind gewest bin, daß ich in einem grossen Anschlag war, ihnen ein groß Guth niederzuwerffen, das dann mir durch mein Kundschaffter, der sich nit recht gehalten, wie ich ihm befohlen hett, in einer halben Stund verwahrloßt wurd, daß ich nit das rechte Guth, darum ich da war, angrieff, und daß es wahr sey, so war Kayserl. Majestät Maximilian desselbigenmahls zu Augspurg, und wolten die Kauffleuth nit anderst wehnen, dann ich hett den rechten Wagen angegriffen, daß sie ihr bestes Guth auf hatten, so hett aber ich den bösen angriffen, und lieffen zum Kayser gen Augspurg, und fielen Ihrer Kayserlichen Majestät zu Fuß, und verklagten mich auf das Höchste, wie daß sie nemlich verdorben Leuth weren, und einen unüberwindlichen Schaden, den sie und ihre Kind und Nachkommen nit überwinden kunten, empfangen hetten; Darauf ihnen der fromm Kayser Maximilian geantwort und gesagt: Heiliger GOTT, heiliger GOtt! was ist das? der ein hat ein Hand, so hat der ander ein Bein, wann sie dann erst zwo Händ hätten und zwey Bein, wie wolt ihr dann thun, das war nun uf mich und Hannßen von Selbiz geredt gewest, und hette auch der Kayser, wie ich berichtet, darbey gesagt: Wie gehets zu, wann ein Kauffmann einen Pfeffer-Sack verleuert, so soll man das ganz Reich ufmahnen, und so viel zu schicken haben, und wann Händel vorhanden seyn, das Kayserlicher Majestät und dem ganzen Reich viel daran gelegen ist, das Königreich, Fürstenthum, Herzogthum und anders antrifft, so kan euch niemand nacher bringen, welche Rede ich ungefehrlich über 3. oder 4. Tag darnach bey eines Fürsten Gewaltigen erfahren, dem sie durch die Post von Augspurg auß zu wissen gethan, oder vielleicht zugeschrieben worden, und gefiel mir solches von der Kayserl. Majest. so wohl, daß es mir im Herzen ein Freud war.« (S. 94 f.)

58,26–29:
»Und kamen ich und mein Bruder in die Acht und Uberacht (Aberacht) und in etlich Städten schossen die Pfaffen und München auf der Canzel mit Lichtern zu mir, und erlaubten mich den Vögeln in Lüfften, sie solten mich fressen.« (S. 90 f.)

59,21–29:
»Und uf solch Ausschreiben haben wir beede Wilhelm von Habern und ich gethan, als diener, und haben uns gebrauchen lassen, und alsbald legt mein gnädigster Churfürst und Herr der Pfalzgraf etc. mir aus der Canzley ein Zettel dar, wie ich reithen und mich halten solt, da wurff ich den Räthen den Zettel wieder dar, und sagt, ich wüst nach dem Zettel nit zu reiten, dann ich reit nit mehr heim gen Hornberg, ich weiß nit was mir begegnen mag, das steht in dem Zettul nit, ich muß die Augen selbs ufthun und sehen, was ich zu schaffen hab.« (S. 131)

61,15–62,27:
»Da hett ich gar einen feinen wissenden Knecht bey mir, den ich auch Pfalz-Gräfl. machte, samt etlichen von Adel, die in demselbigen Orth daheim waren und mir dienten, und hett 16. Pferd, und zwey Buben darunter, als wir nun uf sie hielten, da ziehen sie daher bey 10. oder 12. Pferden, wie wir sie erstlich anschlugen, und dieweil sie nit mehr hetten, theilten wir unß, und gab ich Georg Gebsattel die besten Knecht zu, daß sie solten bey einer Mühle hinüber ziehen, dann sie konnten sonst nit über das Bächlein kommen, daselbst, und solten ihnen unter Augen ziehen, treffen sie dann mit ihnen, so wolt ich nit weit von ihnen seyn, treffen sie dann mit mir, so solten sie desselbigen gleichen auch thun, in Summa, ich ruckt zu einem Dorf hinter eine Scheuer, und meint ich wolt Veltin Schotten und den Erhard Truchsessen mit ihrem Hauffen für lassen, und wolte ihnen uf dem Fuß nachziehen, wie ich dann den Bescheid mit meinen Reutern gemacht hett, da wurden sie aber mein gewahr hinter der Scheuren, und ruckten bey dem Dorff zusammen uf ein Büchelein und hetten ihre Spieß uff den Beinen und ihre Arm-Brüster uffbracht, wie dann ein jeglicher gerüst war, da zog ich Fuß für Fuß zu ihn, das thete ich darum, damit der Georg Gebsattel, und die andern Reuther die ich von mir geschickt hett, mögten auch desto eher mir zu Hülff und zum Handel kommen, und war mir darbey die Weil nit kurz, dann je näher ich zu ihnen kam, je grösser mich daucht der Hauffen seyn, und hetten bey 4. oder 25. Pferd. Nun wolt ich mit GOttes Gnad und Hülff wol von ihnen kommen seyn, so gedacht ich aber die 6. Pferd, die ich von mir hett geschickt, mögten darob geschlagen, gefangen und er-

stochen werden, das mögte mir zu grossem Nachtheil und Schaden gereicht haben, und daß ich dem Bescheid nicht nachkommen war, wie ich dann mit ihnen gemacht hett, und wie sie uf dem Büchelein halten, hielt ich darunter, da ich aber nit kommen wolt, da kommen sie, und durchrannt mir Erhard Truchseß ein Knecht, der hieß Leonhard Schmidle, und war Pfalz-Gräfl. und sonst kein Pfalz-Gräfl. Knecht bey mir / dann derselbig, daß er dem Gaul mit seinem Rucken ufm Rucken lag, darauf ich ihne Erhard Truchsäßen auch so bald vom Pferd herab stach, daß er mit samt dem Federbusch im Dreck lag, daß dann, wie ich acht, unser groß Glück war, nun war einer bey ihme, der hat ein Arm-Brust und schoß uff mich ab, und hett das Arm-Brust nach mir geworffen, welches ich nit gesehen hett, dann ich hett mit den andern zu schaffen, daß ich sein nit warten kunt, da gieng es, daß ich bey 3. oder 4. mal mit den 10. Pferden und 2. Buben durchbrechen must, ehe dann die andern 6. Pferd zu uns kamen, darnach fiengen wir sie alle, ohne die uns entritten, und hätten sie alle gethan, wie der gut fromm Erhard Truchsäß und ein Knechtlein, so beym Bernhard von Hutten gewesen, es wär mein und meines kleinen Häuffleins übel gewart worden, dann wann ich schon das Männlein etwan einmal von mir bracht, und ich etwann sonst an einem andern war, so kam es von Stund an wieder an mich, es hub mich auch durch den Panzer-Ermel hindurch, daß es ein wenig gefleischt hett, und hett ich sonst so viel zu thun, daß ich sein nit allein gewarten kunt, und dasselbig Männlein entboth mir darnach, wann ich es zu einem Diener annehmen wolt, so wolt es mir ein Jahr umsonst dienen, nit weiß ich, was es an mir ersehen hat, da entboth ich ihme, es solte kommen, ich wolte es nit umsonst begehren, sondern ich wolt ihn halten, wie einen andern Knecht, und wiewol mir das Männlein uf den Tag hart zusezt, und ich sein nit bedorfft, so hett ich ihne doch gern zu einem Diener angenommen, dann er gefiel mir uf den Tag nit mehr dann zu wol.«

(S. 135 ff.)

64,9 f.:

»Darauf ich ihne Erhard Truchsäßen auch so bald vom Pferd herab stach, daß er mit samt dem Federbusch im Dreck lag.« (S. 136)

73,1 f.:

»Und wie ich also hernieder brandt, da schrie er der Amtmann oben heraus, vornen für Klepßen zu, da schrie ich wieder zu ihme hinuf, er solte mich hinden lecken.« (S. 120 f.)

73,3–78,25:
»Und damit ich auf das kürzeste anzeige, wie es mir damalen gangen ist, so zogen die Bündischen für Meckmühlen und in die Stadt hinein, wie dann die Stadt auch wider mich war, und forderten das Hauß und Schloß, darauf ich war, auf, und theydigten und handelten lang mit mir, daß ich solte das Hauß ufgeben, als nemlich Johann von Hattstein, Hannß von Ehrenberg und Florian Geyer und dann ein Zeuch- oder Büchsenmeister und andere mehr, die ich nit alle weiß oder kennt hab, und fieng nemlich der Büchsen- oder Zeuchmeister, wer er dann gewest ist, an, und sagt, wann ers nit gern will aufgeben, so gebt ihm kein gut Wort, und war daruf die Sache angerichtet und dahin gedeydtingt, daß sie mich und die Meinigen, die bey mir in der Besazung lagen, mit unserm Leib, Haab und Guth, auch mit Wehr, Harnisch und Pferden, wie dann ein jeglicher hat, frey wolten abziehen lassen, sie hetten auch das Geschüz zum Theil schon hinauf bracht zu der Kirchen bey dem Schloß gleich fürs Thor, die man die Techaney genannt hat; Nun waren ich und meine Verwandten, die bey mir in der Besazung lagen, dieser Bethaidigung wol zu frieden, dann wir hetten nit mehr dann noch 3. Malter Meels im ganzen Hauß, so hetten die Bürger in der Stadt den Kasten und Keller innen, daß wir nichts mehr zu essen bekommen mögten, auch hetten wir noch etliche Schaaf, die ich den Burgern vor der Stadt nahm, und ließ sie zu sehen und trieb sie uf das Schloß, davon wir uns auch ein Weyl enthielten, so hetten wir auch kein Kugeln mehr zu schiessen, dann was ich aus den Fenstern, Thorenglen, Zinn, und was es war, zu wegen bracht, daß ich dannoch wieder zu einem Anlauff gefast war, darzu hetten wir nit Wasser, daß wir den Pferden geben mögten, und auch kein Wein mehr, dann was mein war, den musten wir und unser Pferd trincken und unß mit behelffen, so war auch kein Frucht oder Habern mehr droben, dann was mein war, wiewol es auch nit viel war, da musten wir uns von enthalten, dann die Bürger, wie gemeldt, hetten den Kasten innen, und ich nit, also daß wir ohne das Hungers halben hetten darvon ziehen und weichen müssen. Nun vermeint ich aber uf bemeldte Theydigung nit anderst, dann es solt

seyn und darbey bleiben, wie abgeredt und mir zugesagt war, ich und meine Gesellen, die bey mir waren, verliessen uns auch darauf, und meinten, es solte darbey bleiben, dann ich wolte sonst wol herauß kommen seyn, daß es wahr ist, so halff ich meines Herrn Dienern etlich heraus, als nemlich Wolff Endrissen von Weiler und andern mehr seiner Gesellen von Adel, und die ungefährlich zu mir dahin kommen waren, da wolt ich auch so wol als ihrer einer heraus kommen seyn, aber ich verließ mich auf ihr Zusagen, und meint, sie würden mich oberzehlter massen ziehen lassen, welches aber nit beschehen, dann wie sie mir Glauben gehalten, das sieht man, und hat es wol gehört, dann ich lag darob nieder, und wurden meine Knecht und Gesellen, erwürgt und erstochen, so fehlete es mir auch nit weit, und daß es noch mehr ist, so haben mir die Bündischen selber vertreulicher Meynung, ehe ich gen Sullen kommen, in das Lager, die uf dem Feld uf mich stiessen, gesagt und angezeigt, daß der obrist Bunds-Haubtmann Befelch geben, mich nit leben zu lassen, so gewiß haben sie es gehabt, und wolt dessen noch wol mehr anzeigen, aber es ist nit vonnöthen, und kan auch nit anderst gedencken, dann daß der Allmächtig GOTT nit allein in dem Handel, sondern auch in andern meinen sorglichen Gefährlichkeiten, Vheden und Kriegs-Handlungen, gegen hohen und niedern Ständten, da ich viel und offtmals inngestanden und gewest bin, sein Göttliche Gnad, Hülff und Barmherzigkeit mir vielfältig mitgetheilet hat, und mehr für mich gesorgt, dann ich selbst, und ist auch die Wahrheit, daß ich durch Unglauben, so mir gemeldt, begegnet, in all mein Unglück, Schaden und Nachtheil kommen bin.«

(S. 104 ff.)

80,1–86,30:

»Und wie ich nun zu Heylbronn nach jeztberührter Gefängnus etliche Wochen in einer Herberg verhafft gelegen bin, da schickt der Bund einen der war freylich von Constenz ein Schweizer, Stadtschreiber oder was er war, gen Heylbronn, und het ein Urphed bey ihm, die las er mir für in der Stuben, in Beywesen vieler von Heylbronn, also daß die Stuben voller Leuth war, und begehrt, ich solt solche schwöhren und annehmen, und wo ichs nit thet, hett der Bund geschrieben, solten sie mich nehmen und in Thurn legen, aber ich schlug solche Urphed stracks ab, wolt ehe ein Jahr im Thurn liegen, ehe ich sie annehmen wolt, darzu so zeigt ich hingegen an, ich wer in einer ehrlichen Vhedt betretten, und hett mich auch bey meinem gnädigen Fürsten und Herrn, wie einem frommen von Adel und Rittermann wol anstundt, gehalten, darzu so wer ich auch in ein ehrlich ritterlich Gefängnus vertagt, also, daß ich verhofft, sie würden mich darbey bleiben lassen, und nit daraus nehmen, hett ich mich aber in meiner Gefängnus übel gehalten, so solten sie mirs anzeigen, ich wüst mich aber nit besser zu halten; Da wusten sie mir nichts anzuzeigen, dann ich hielt mich dermassen, wie mir uferlegt war worden, und sonderlichen war mir erlaubt in die Kirchen zu gehen, und von der Kirchen wiederum in die Herberg, und wann ich aus der Kirchen gieng, und etwann Leuth mit mir reden wolten, so wolt ich nit uf der Gassen bey ihnen stehen, und gieng den nechsten wieder der Herberg zu, das thät ich darum, damit ich mich unverdächtig hielt, in Summa, da ich die Urphed nit annehmen wolt, hetten sie die Weinschröter bestellt, die traten zu mir in des Diezen Herberg in der Stuben und wolten mich fangen, ich den nechsten vom Leder und mit der Wehr heraus, da schnapten sie wieder hinder sich, und baten mich die Bürger des Raths fleißig, ich solt einstecken und Fried halten, sie wolten mich nit weiter führen, dann auf das Rath-Hauß, da glaubt ich ihnen auch, und wie sie mich in der Herberg zur Stuben heraus führten, gieng meine Haußfrau gleich die Steegen heruf, und war in der Kirchen gewest, da riß ich mich von ihnen und gieng zu ihr, und sagt, Weib, erschrick nicht, sie wollen mir ein Urphed fürlegen, die will ich nit annehmen, will mich ehe in Thurn legen lassen, thue ihm aber also, und reit hinauf zu Franciscus von Sickingen und Herrn Georgen von Fronsperg, und zeig ihnen an, die Ritterliche Gefängnus, wie mir zugesagt, wöll mir nicht gehalten werden, versiehe mich, sie werden sich als redliche von Adel und Haubt-Leuth wol wissen zu halten, das thet nun mein Weib, und führten mich die Bündischen mit uf das Rath-Hauß, und von dem Rath-Hauß in Thurn, und must dieselbige Nacht darinn liegen, und wie sie mich uf den Pfingst-Abend hinein legten, musten sie mich auf den Pfingst-Tag des Morgens frühe wiederum heraus thun, und führten mich also darnach wieder uf das Rath-Hauß, da waren etliche des Raths bey mir in der Stuben ufm Rath-Hauß, und war mein Haußfrau wieder vom Leger kommen, und stund heraus vor der Stuben, hetten sie vielleicht gehört, daß der ganz Hauf wieder herab züg, der Stadt zu, da baten sie mich, ich solt zu meiner Haußfrauen gehen, und zu ihr sagen, daß sie wieder hinaus ritt, und für sie bitten solt, dann der Hauff zoge eben der Stadt zu, zu Roß und zu Fuß, da gieng ich zu meiner Haußfrauen und sagt ihr in ein Ohr, was mein Meynung war, das war das, und sagt zu ihr, sag zu meinem Schwager Franciscus von Sickingen, und Herrn Georgen von Fronsperg, sie haben beede mich gebetten, ich solt für sie bitten, aber sag zu ihnen, haben sie was im Sinn, so solten sie fortfahren, ich wolt gern sterben und erstochen werden, allein daß sie all mit mir erstochen würden, das hett sie nun ausgericht, und kom Herr Georg von Fronsperg mit andern auch zu mir hinein auf das Rath-Hauß, die handelten mit denen von Heylbronn, daß sie sich musten verschreiben, mir Ritterliche Gefängnus zu halten, so lang derselbig Krieg und mein Gefängnus wehret, und ich mit dem Bund vertragen würde, wie ich dann dieselbig Verschreibung noch uf diesen Tag hab, und mir solche volgends durch die von Heylbronn gehalten worden, als mich aber nun der Bund wieder aus Verhafft thet, must ich ihnen lieffern 2000. fl. in Gold, die sie den Knechten gaben, die mich gefangen hetten, wiewol ich dieselben nit hett, so bracht ich sie doch uf, bey meinen guten Herren und Freunden, wie ich kunt, die schickt ich ihnen gen Ulm, und ließ sie wol mit leben.« (S. 106 ff.)

82,7–15:
»Ich kan mich auch nicht erinnern, daß ich mein Tag je etwas wider Kayserl. Majest. oder das Haus Oesterreich gehandelt hab.« (S. 95)

90,8–12:
»Es haben vor euch viel andere meine gute Herren und Freunde vor etlich viel Jahren an mich begehrt, daß ich meinen Erben, Kindern und Nachkommen zu Ehren und Gutem, was ich mein Tag als ein junger Ritter-Mann von Adel und ein armer Reiters-Mann im Krieg, Fehden und Handeln bey der Röm. Kayserlichen Majest. auch Chur-Fürsten und andern von mir selbs und andern guten Herren und Freunden wegen, in ihren und meinen eigenen Sachen, Kriegen und Fehden (die ich lange Zeit gegen hohe und niedere Stände geführet) beschreiben und in die Feder kommen lassen solt, wie ihr beede dann nunmehro auch gleichfalls begehret an

mich; Darauf ich mich dann bedacht, daß ich (so viel mir der allmächtige GOTT Gnade gibt) euch, mir, meinen Erben und Nachkommen, auch andern meinen guten Herren und Freunden zu Ehren und Gefallen, eurem Begehren statt thun, und meine Sachen und Händel, so ich jetztberührter massen gehabt, so viel mir deren noch bewußt, auf das kürzeste zusammen ziehen und in Schrifften verfassen wollen, wie ich dann diese Zeit hero gethan, und solches nach meinem besten Verstand, nachfolgender massen begriffen, doch mit nichten der Meynung, einigen Ruhm oder grossen Nahmen damit zu suchen oder zu erlangen, sondern allein um der Ursachen willen, das mich angelangt, weil etliche meiner Mißgönner etwan aus Neid und Haß, oder vielleicht aus Unwissenheit, gerne meine Handlung, die ich mein Tag geführt, zum ärgsten und übelsten auslegen wolten, denen ich dann hierinnen zu begegnen, und den wahren Grund an den Tag zu bringen fürgenommen.« (S. 11)

»Und dieweil ich je so weit in die Handlung kommen bin, und viel gutherziger frommer redlicher Leuth vor etlich viel Jahren (die mir Ehren und Guts gegönnt haben, und noch gönnen, und auch vielleicht zum Theil gewust und gehört haben, wie ich mein Tag herbracht, und viel Abendtheuer und Gefährlichkeiten gegen meinen Feinden bestanden), mich angesprochen und gebetten, solche alle meine Handlung in Schrifften zu verfassen, hab ich ihnen solches nit gewust abzuschlagen, dann sie verhofften, es solte mir, meinen Erben und Nachkommen mehr zu Guthem dann zu Unguthem kommen und reichen, auch männiglich hohen und niedern Stands ein Wolgefallen seyn.« (S. 173)

»Das Absehen mit der Publicirung dieser Geschichts-Erzehlung ist dahin gerichtet, um nicht nur dem Publico dadurch zu dienen, und die darinnen enthaltene verschiedene Specialitäten zu communiciren, sondern auch dadurch des längst verstorbenen Herrn von *Berlichingen*, als eines besonders behertzten und muthigen Ritters, Gedächtnus zu perennisiren.« [Vorrede des Pistorius.] (S. 7)

90,21–25:

»Wiewol ich dannoch von hohen und niedern Ständen etwann gewarnet bin worden, mich wider mein Zusagen nit zu stellen, aber ich bin allwegen meinen Zusagen, Glaub und Pflichten, die ich gethan nachkommen, und mich meinen

Feinden, deren viel im Schwäbischen Bund, Fürsten und andere gewesen, so ich mit ihnen in Krieg und Vheden gestanden, gegen denen ich auch meiner Nothdurfft nach gehandelt, aber es ist Gottlob alles vertragen, geschlicht, und gericht, so habe ich mich auch meinen Ehren und Pflichten nach in ihre Händ gestellt, wiewol ich keine Vertröstung gehabt, dann allein, daß ich meiner Sachen gerecht bin gewesen, der Teuffel hätte sich sonst also gestellt, so sagten mir auch etliche der Fürnehmsten vom Bund selbs, ich hette thörlich gethan, daß ich mich also zu denen Leuthen gestellt hett, denen ich viel Leids gethan, und die mir also gram und feind gewesen.« (S. 174 f.)

92,20 ff. und »Geschichte Gottfriedens« S. 70–72:
»Wie nun die Bauren zu Weinsperg* gehandelt haben, das ist männiglich in diesen Lands-Orthen wissend, und zogen sie darnach herab den nechsten uf Horneck.« (S. 140 ff.)

* »Hier ist mit der Erst Dietrich von Weyler, als er vom Kirch-Thurn herab mit denen Bauren gütlich gesprochen, erschossen, und hernach herunter geworffen worden. Dann führten die Bauren Herrn Grafen Ludwig von Helffenstein nebst 13. von Adel, unter welchen 2. Sturmfeder, Rudolf Nagel von Eltershofen, Pleickard von Rüxingen, und ein Späth gewesen, und vielen andern, zusammen bey 80. Personen auf einen Acker gegen Heylbronn, machten da einen Creyß, und jagten sie alle zusammen erbärmlich durch die Spieß. Mst. HALLENS. Chron. p. m. 90. seq. Ohngeachtet sein des Grafens Gemahlin, Kaysers Maximiliani I. natürliche Tochter, nebst einem kleinen Kind auf dem Arm denen Bauren zu Fuß fiele, und ganz erbärmlicher Weiß, mit vielen Weinen und Klagen um des Grafens Leben bate, und daß sie solchen dem Kindlein schencken mögten, sie anflehete. *Arnold* in Msto. Chron. p. m. 195.« [Anm. des Pistorius.][1] (S. 140 f.)

Die weitere Handlung des fünften Aktes folgt bis zur Szene *Bei einem Dorf* eng der Autobiographie des Götz (S. 142 ff.). Ihr sind sowohl der gesamte Handlungsablauf wie einzelne Dialoge und Ausdrücke entnommen: die Unterredung mit Max Stumpf und den Bauernführern (94,35–95,13), der Vertrag und dessen Bekanntgabe an die einzelnen Haufen (95,21–40), die Opposition der Radikalen und ihre Mordpläne (96,24–28), Götz' Wunsch, er *läg im tiefsten Turn, der in der Türkei steht*, usw. (98,37–99,4), die Warnung

1. Gerstenberg (s. Kap. IX) schreibt dazu: »Vielleicht hat die Anmerkung den Anstoß gegeben, das wahre Vorbild aber dürfte ein Kupferstich gewesen sein, der sich in der Gottfriedschen Chronik findet« (S. 260 f.). Dieser Kupferstich, auf den auch schon Düntzer (s. Kap. IX) hingewiesen hat, wird S. 107 reproduziert.

Kupferstich, der Goethe zur Bauernkrieg-Szene des 5. Akts anregte. Aus: Historischer Chronicken Siebender/ vnd Rômischer Monarchy Vierdter Theil. Franckfurt 1633. S. 19.

durch den Unbekannten (99,5 ff.). Geändert wurde in diesem Komplex von Goethe lediglich der Name des niedergebrannten Ortes von Willenberg in *Miltenberg* (98,32 f.).

2. *Sebastian Francks »Chronica«*

Wie H. Düntzer zuerst gezeigt hat, benutzte Goethe für die Schilderung des Kometen (93,37 ff.) Sebastian Francks »Chronica« von 1531:

»Ein erschrecklicher forchtsamer Komet, dergleichen vor nie gesehen ist worden. Anno 1527 ist ein *grausamer Comet* in Westerreich vnd vmbligenden grentzen gesehens worden, auff den 11. tag Octob. morgens vmb vier vhr, hat sein vbung [Schein] *ein stund vnd ein viertheil* gewäret, darnach verschwunden. Der auffgang des Cometen von Orient ist gestiegen auf Mittag vnd der Sonnen Nidergang, doch *zwischen Mitternacht* am meisten theyl gesehen worden, eines vnmässigen *langen* Cörpers einer unvermischten *Blutfarb oder gleich gelbrot.* Sein häupt oder anfang ist gewesen *ein gebogner Arm*, der hett in seiner Hand ein vberauß groß *Schwert*, in maß als wolt sie jetzund dreyn schlagen, gezuckt. *An dieses Schwerts spitzen vnn seiten drey fast* [sehr] *grosse Sternen*, die an den spitzen am grösten erschienen. Von diesen Sternen thet sich ein *breiter Wolckenfarben striemeter Schwantz*, welcher in der lenge das ander alles vbertraff. Zu den seiten sind gesehen worden *vil streimen, als lange Spieß gestalt. Darzwischen vil kleiner Schwert vermischt, alles sich einer bleichroten farb vergleichende. Zwischen dem allem sahe* man *vil grosser flammen, welche gantz hel vnd feuwrig erschienen. Darzwischen waren hin und wider eyngemengt viel angesichter grausams anblicks, gantz harig an Haupt und Bart* einer grauwen Wolcken farb. Dieß alles gieng feindtlich *(als legs in blutstreimigem fließendem gewässer) durch einander zwitzern vnd sich arbeiten*, onmassen grausam anzusehen, daß auch etlich, die es gesehen haben, schreckens vnd forcht halb gestorben sind.«

(H. Düntzer: Goethes Götz von Berlichingen erläutert. S. 123 f.)

3. Das Tagelied

Die Szenen *Nacht. Adelhaidens Vorzimmer* und *Adelhaidens Schloß. Adelhaid Franz in ihren Armen* (vgl. Kap. III, 1) in der »Geschichte Gottfriedens« sind dem Vorbild des Tagelieds verpflichtet. In Deutschland wurde diese bis zum provenzalischen Minnesang zurückreichende Gattung vor allem durch Wolfram von Eschenbachs Tageliedzyklus heimisch, dessen Einfluß die ganze weitere Entwicklung im späteren Minnesang bestimmte. Gerade das äußerst streng festgelegte Gattungsschema mit seinen unabdingbaren Bestandteilen – Erwachen der Liebenden am Morgen, Ruf oder Warnung des Wächters, Schilderung der Dämmerung, Furcht vor verräterischen Aufpassern, Widerstreben des Ritters oder der Dame, erneute Umarmung und endlich Trennung – reizte eine gattungsgebundene Zeit bis tief in den Meistersang hinein zu immer neuen Variationen. Zu Goethes Zeit lebte das Tagelied noch im Volkslied weiter, wie das von Goethe aufgezeichnete »Lied vom braun Annel« zeigt (Der Junge Goethe, 3. Aufl., Bd. II, S. 50 f.). Schon Shakespeare hatte diesen Motivkomplex zur Gestaltung einer Trennungsszene in »Romeo und Julia« benutzt.
Als Beispiel aus der späten Zeit des Tagelieds sei hier ein anonym in der Sterzinger Handschrift überliefertes Lied wiedergegeben:

»›Wol auff, meins hertzen trawt gesell,
der tag wil vns verdringen.
hüt dich vnd mich vor ungefell,
ich hör den wachter singen.
der kundet vns den lichten tag,
der mir mein hertz verseret.
ob vns iemant gemeldet hat,
so ist mein leid gemeret.
Hie ist betrwbt mein states hertz.
der tag wil vns entsleichen,
des leidet mein hertz solchen smertz:
mein frewd wil mir entweichen.‹

Si sprach: ›awe der leidigen mer,
muss ich mich von dir scheiden!
des lichten tag ich wol enper.
der tüt mir vil zu layde,

wann ich doch liebers nie gewan
vnd tu ouch noch ze ende;
das nimet mir der liehte tag.
des stan ich hie ellende.‹

Si trwckt in gar lieplich an ir brust
mit weissen armen umslossen.
das was ir baider will vnd lust
gar freuntlich vnverdrossen.
si sprach: ›var hin, trawt geselle mein,
dein scheiden tut mich krenken,
vnd nim mit dir das hertze mein.
das kan von dir nit wencken.‹«

(Zitiert nach: Texte zur Geschichte des deutschen Tageliedes. Ausgewählt von E. Scheunemann, ergänzt u. hrsg. von F. Ranke. Bern ²1964. S. 37)

4. Rechtshistorische Werke

Zum Studium des historischen Hintergrunds benutzte Goethe vor allem rechtshistorische Werke, die ihm aufgrund seines juristischen Studiums vertraut waren. In »Dichtung und Wahrheit« erwähnt er Johann Philipp Datt »De pace publica« (s. Kap. IX). Dieses Werk behandelt die Maßnahmen zur Durchführung der ›pax publica‹, des allgemeinen Landfriedens, durch Abschaffung der Fehden und Einsetzung von Gerichten. So enthält es auch eine Geschichte des Reichskammergerichts und eine Darstellung des Femgerichts.
Näheres über diese Institution fand Goethe in den Quellen des »Corpus iuris Germanici publici ac privati« aus der Sammlung des Frankfurters Senckenberg (s. Kap. IX). Auch benutzte er, wie z. B. seine Mutter erwähnt (vgl. Kap. VI), Pütters »Grundriß der Staatsveränderungen des teutschen Reichs« (s. Kap. IX).
Entscheidend für den geistigen Gehalt des »Götz« wurde ein Aufsatz des norddeutschen Juristen, Staatsmanns und Schriftstellers Justus Möser (1720–94): »Von dem Faustrecht«, in: »Die Osnabrückischen Intelligenzblätter nebst den nützlichen Beiträgen«, April 1770, wieder abgedruckt als »Der hohe Stil der Kunst unter den Deutschen«, in: »Pa-

triotische Phantasien« Bd. 1,LIV. Hier lernte Goethe in der Fehde nicht lediglich eine Störung der öffentlichen Ordnung zu sehen, sondern eine Selbsthilfemaßnahme, die das Unrecht bekämpft und dem Recht zum Siege verhilft:

»Die Zeiten des Faustrechts in Deutschland scheinen mir allemal diejenigen gewesen zu sein, worin unsre Nation das größte Gefühl der Ehre, die mehrste körperliche Tugend und eine eigne Nationalgröße gezeiget hat. Die feigen Geschichtschreiber hinter den Klostermauren und die bequemen Gelehrten in Schlafmützen mögen sie noch so sehr verachten und verschreien: so muß doch jeder Kenner das Faustrecht des 12ten und 13ten Jahrhunderts als ein Kunstwerk des höchsten Stils bewundern [. . .].«

(Der vollständige Text findet sich u. a. in Reclams Universal-Bibliothek Nr. 683-684/684a, S. 65–70.)

V. Äußerungen Goethes zum »Götz«

Nach einem Bericht von Goethes Mutter:

»Her son came home one evening in high spirits, saying: ›Oh, mother, I have found such a book in the public library, and I will make a play of it! What great eyes the Philistines will make at the Knight with the Ironhand! That's glorious – the Iron-hand!‹«

(Mitgeteilt von H. C. Robinson: Diary, Reminiscences, and Correspondences of Henry Crabb Robinson. London 1869. Zitiert nach Gräf II, 3 S. 24)

Goethe an Salzmann am 28. November 1771:

»Sie kennen mich so gut, und doch wett ich, Sie rathen nicht warum ich nicht schreibe. Es ist eine Leidenschafft, eine ganz unerwartete Leidenschafft, Sie wissen wie mich dergleichen in ein Cirkelgen werfen kann, dass ich Sonne, Mond und die lieben Sterne darüber vergesse. Ich kann nicht ohne das seyn, Sie wissens lang, und koste was es wolle, ich stürze mich drein. Diesmal sind keine Folgen zu befürchten. Mein ganzer Genius liegt auf einem Unternehmen worüber Homer und Schäkespear und alles vergessen worden. Ich dramatisire die Geschichte eines der edelsten Deutschen, rette das Andencken eines braven Mannes, und die viele Arbeit die mich's kostet, macht mir einen wahren Zeitvertreib, den ich hier so nöthig habe, denn es ist traurig an einem Ort zu leben wo unsre ganze Wircksamkeit in sich selbst summen muß. Ich habe Sie nicht ersetzt, und ziehe mit mir selbst im Feld und auf dem Papier herum. In sich selbst gekehrt, ist's wahr, fühlt sich meine Seele Essorts die in dem zerstreuten Strasburger Leben verlappten. Aber eben das wäre eine traurige Gesellschafft, wenn ich nicht alle Stärcke die ich in mir selbst fühle auf ein Objeckt würfe, und das zu packen und zu tragen suchte, so viel mir möglich, und was nicht geht, schlepp ich. Wenn's fertig ist sollen Sie's haben, und ich hoff Sie nicht wenig zu vergnügen, da ich Ihnen einen edeln Vorfahr (die wir leider nur von ihren Grabsteinen kennen) im Leben darstelle. Dann weiss ich auch Sie lieben ihn auch ein bisgen weil ich ihn bringe.

Sehr einfach wie Sie sehen ist meine Beschäftigung, da meine Praxis noch wohl in Nebenstunden bestritten werden kann. Wie oft wünsch ich Sie um Ihnen ein Stückgen Arbeit zu lesen, und Urteil und Beyfall von Ihnen zu hören.«

(Der junge Goethe. Hrsg. von H. Fischer-Lamberg. Bd. II. S. 69)

Brief Goethes an Herder, Anfang 1772:

»Das Resultat meiner hiesigen Einsiedeley, kriegen Sie hier, in einem Skizzo, das zwar mit dem Pinsel auf Leinewand geworfen, an einigen Orten sogar einigermassen ausgemahlt, und doch weiter nichts als Skizzo ist. Keine Rechenschafft geb ich Ihnen, lieber Mann, von meiner Arbeit, noch sag ich meine ietzige Emfindungen darüber, da ich aufgestanden und in die Ferne getreten binn, es würde aussehn als wollt ich Ihr Urteil leiten, weil ich fürchtet es wandelte an einen Plaz wo ich's nicht wünschte. Das aber darf ich sagen, dass ich recht mit Zuversicht arbeitete, die beste Krafft meiner Seele dran wendete, weil ich[s] taht um Sie drüber zu fragen, und wusste, ihr Urteil wird mir nicht nur über dieses Stück die Augen öffnen, sondern vielmehr über diesem Stück, dich lehren wie Oeser, es als Meilensäule pflanzen, von der wegschreitend du eine weite weite Reise anzutreten, und bey Ruhestunden zu berechnen hast.
Auch unternehm ich keine Veränderung biss ich Ihre Stimme höre, denn ich weiss doch, dass als dann radikale Wiedergeburt geschehen muss, wenn es zum Leben eingehn soll.«

(Der junge Goethe. Hrsg. von H. Fischer-Lamberg. Bd. II S. 69)

Brief an Gotter, Juni 1773:

»Schicke dir hier den alten Götzen;
Magst ihn zu deinen Heilgen setzen,
Oder magst ihn in die Zahl
Der Ungeblätterten stellen zumal.
Hab's geschrieben in guter Zeit,
Tags, Abends und Nachts Herrlichkeit;
Und find' nicht halb die Freud' so mehr,
Da nun gedruckt ist ein grosses Heer.
Find', dass es wie mit den Kindern ist,
Da doch wohl immer die schönste Frist

Bleibt, wenn man in der schönen Nacht
Sie hat der lieben Frau gemacht.
Das Andre geht dann seinen Gang,
Und Rechnen, Wehn, und Tauf' und Sang.
Mögt euch nun auch ergötzen dran,
So habt ihr doppelt wohl gethan.
Magst, wie ich höre, dann allda
Agiren, tragiren Komödia
Vor Stadt und Land und Hof und Herrn,
Die säh'n das Schattenspiel wohl gern.
So such dir denn in deinem Haus
Einen rechten tüchtigen Bengel aus
Und gieb ihm die Roll' von meinem Götz,
In Panzer, Blechhaub' und Geschwätz.
Dann nimm den Weisling vor dich hin,
In Pumphos', Kragen und stolzem Kinn,
Und Spada wohl nach Spanier Art,
Und Weitnaslöchern, Stützleinbart,
Und sey ein Falscher an den Frauen,
Lass dich zuletzt vergiftet schauen.
Und bring', da hast du meinen Danck,
Mich vor die Weiblein ohn' Gestanck.
Musst alle garst'gen Worte lindern,
Aus Scheiskerl Schurcken, aus Arsch mach Hintern,
Und gleich' das Alles so fortan,
Wie du's wohl ehmals schon gethan.«

(Der junge Goethe. Hrsg. von H. Fischer-Lamberg. Bd. III. S. 38 f.)

Brief an Kestner, August 1773:

»Und nun meinen lieben Götz! Auf seine gute Natur verlass ich mich, er wird fortkommen und dauern. Er ist ein MenschenKind mit viel Gebrechen und doch immer der besten einer. Viele werden sich am Kleid stosen und einigen rauhen Ecken. Doch hab ich schon so viel Beyfall dass ich erstaune. Ich glaube nicht dass ich so bald was machen werde das wieder Publikum findet. Unterdessen arbeit ich so fort, ob etwa dem Strudel der Dinge belieben mögte was gescheuters mit mir anzufangen.«

(Der junge Goethe. Hrsg. von H. Fischer-Lamberg. Bd. III. S. 42 f.)

Brief an Salzmann, Oktober 1773:

»Wenn Sie das Exemplar Berlichingen noch haben, so schikken Sies nach Sessenheim unter Aufschrift an Msll. [Brion], ohne Vornahmen.
Die arme Friedericke wird einigermassen sich getröstet finden, wenn der Untreue vergiftet wird. Sollte das Exemplar fort seyn, so besorgen Sie wohl ein anders.«

(Der junge Goethe. Hrsg. von H. Fischer-Lamberg. Bd. III. S. 46)

Aus »Wilhelm Meisters Lehrjahre«:

»Zu Hause fanden sie auf Wilhelms Zimmer schon alles zum Empfange bereit, die Stühle zu einer Vorlesung zurechte gestellt, und den Tisch in die Mitte gesetzt, auf welchem der Punschnapf seinen Platz nehmen sollte.
Die deutschen Ritterstücke waren damals eben neu, und hatten die Aufmerksamkeit und Neigung des Publicums an sich gezogen. Der alte Polterer hatte eines dieser Art mitgebracht, und die Vorlesung war beschlossen worden. Man setzte sich nieder. Wilhelm bemächtigte sich des Exemplars und fing zu lesen an.
Die geharnischten Ritter, die alten Burgen, die Treuherzigkeit, Rechtlichkeit und Redlichkeit, besonders aber die Unabhängigkeit der handelnden Personen wurden mit großem Beifall aufgenommen. Der Vorleser that sein Möglichstes, und die Gesellschaft kam außer sich. Zwischen dem zweiten und dritten Act kam der Punsch in einem großen Napfe, und da in dem Stücke selbst sehr viel getrunken und angestoßen wurde, so war nichts natürlicher, als daß die Gesellschaft bei jedem solchen Falle sich lebhaft an den Platz der Helden versetzte, gleichfalls anklingte und die Günstlinge unter den handelnden Personen hoch leben ließ.
Jedermann war von dem Feuer des edelsten Nationalgeistes entzündet. Wie sehr gefiel es dieser deutschen Gesellschaft, sich ihrem Charakter gemäß auf eignem Grund und Boden poetisch zu ergötzen! Besonders thaten die Gewölbe und Keller, die verfallenen Schlösser, das Moos und die hohlen Bäume, über alles aber die nächtlichen Zigeunerscenen und das heimliche Gericht eine ganz unglaubliche Wirkung.«

(2. Buch, 10. Kapitel)

Brief an Kirms am 14. August 1798:

»Wegen Cordemann werden wir wohl thun, wenn wir ihn in denen Stücken, die er wünscht, auftreten lassen ... mit ›Fiesco‹ wird es nicht angehen.
So wie ich zu ›Götz von Berlichingen‹ nicht rathe. Das Stück ist dergestalt ausgeschrieben worden, daß es, ich möchte wohl sagen, stückweise schon ganz auf dem Theater ist, und ist überhaupt ohne bedeutende Umarbeitung nicht auf das Theater zu bringen.«

(Gräf II, 3, S. 50)

Am 14. Juni 1804 schreibt Goethe zur damals vorgenommenen Umarbeitung an Iffland:

»Wegen ›Götz von Berlichingen‹ melde ich sogleich, sobald er mir producibel ist. Leider will er sich noch immer nicht auf die Bühne fügen. Eine angeborne Unart ist schwer zu meistern.«

(Gräf II, 3, S. 54)

Brief an Wilhelm von Humboldt am 30. Juli 1804:

»Ich habe mich zu einem Versuch verführen lassen, meinen ›Götz von Berlichingen‹ aufführbar zu machen. Dieß war ein fast unmögliches Unternehmen, indem seine Grundrichtung antitheatralisch ist, auch habe ich, wie Penelope, nun ein Jahr immer dran gewoben und aufgedröselt, wobei ich viel gelernt, ich fürchte aber, zu dem vorliegenden Zweck, nicht alles geleistet habe. In ohngefähr sechs Wochen denke ich ihn zu geben, und Schiller wird Ihnen wohl ein Wort darüber sagen.«

(Gräf II, 3, S. 57)

Aus »Dichtung und Wahrheit«:

»Aber zu der Zeit, als der Schmerz über Friederikens Lage mich beängstigte, suchte ich nach meiner alten Art abermals Hülfe bei der Dichtkunst. Ich setzte die hergebrachte poetische Beichte wieder fort, um durch diese selbstquälerische Büßung einer innern Absolution würdig zu werden. Die beiden Marien in ›Götz von Berlichingen‹ und ›Clavigo‹ und die beiden schlechten Figuren, die ihre Liebhaber spielen, möchten wohl Resultate solcher reuigen Betrachtungen gewesen sein.

[...]
Die dunkleren Jahrhunderte der deutschen Geschichte hatten von jeher meine Wißbegierde und Einbildungskraft beschäftigt. Der Gedanke, den Götz von Berlichingen in seiner Zeitumgebung zu dramatisieren, war mir höchlich lieb und wert. Ich las die Hauptschriftsteller fleißig: dem Werke ›*De pace publica*‹ von Datt widmete ich alle Aufmerksamkeit; ich hatte es emsig durchstudiert und mir jene seltsamen Einzelnheiten möglichst veranschaulicht.«

(3. Teil, 12. Buch)

»Durch die fortdauernde Teilnahme an Shakespeares Werken hatte ich mir den Geist so ausgeweitet, daß mir der enge Bühnenraum und die kurze, einer Vorstellung zugemessene Zeit keineswegs hinlänglich schienen, um etwas Bedeutendes vorzutragen. Das Leben des biedern Götz von Berlichingen, von ihm selbst geschrieben, trieb mich in die historische Behandlungsart, und meine Einbildungskraft dehnte sich dergestalt aus, daß auch meine dramatische Form alle Theatergrenzen überschritt und sich den lebendigen Ereignissen mehr und mehr zu nähern suchte. Ich hatte mich davon, so wie ich vorwärts ging, mit meiner Schwester umständlich unterhalten, die an solchen Dingen mit Geist und Gemüt teilnahm, und ich erneuerte diese Unterhaltung so oft, ohne nur irgend zum Werke zu schreiten, daß sie zuletzt ungeduldig und wohlwollend dringend bat, mich nur nicht immer mit Worten in die Luft zu ergehen, sondern endlich einmal das, was mir so gegenwärtig wäre, auf das Papier festzubringen. Durch diesen Antrieb bestimmt, fing ich eines Morgens zu schreiben an, ohne daß ich einen Entwurf oder Plan vorher aufgesetzt hätte. Ich schrieb die ersten Szenen, und abends wurden sie Cornelien vorgelesen. Sie schenkte ihnen vielen Beifall, jedoch nur bedingt, indem sie zweifelte, daß ich so fortfahren würde, ja sie äußerte sogar einen entschiedenen Unglauben an meine Beharrlichkeit. Dieses reizte mich nur umso mehr, ich fuhr den nächsten Tag fort, und so den dritten; die Hoffnung wuchs bei den täglichen Mitteilungen, auch mir ward alles von Schritt zu Schritt lebendiger, indem mir ohnehin der Stoff durchaus eigen geworden; und so hielt ich mich ununterbrochen ans Werk, das ich geradeswegs verfolgte, ohne weder rückwärts noch rechts noch links zu sehn, und in etwa sechs Wochen hatte ich das Vergnügen, das

Manuskript geheftet zu erblicken. Ich teilte es Mercken mit, der verständig und wohlwollend darüber sprach; ich sendete es Herdern zu, der sich unfreundlich und hart dagegen äußerte und nicht ermangelte, in einigen gelegentlichen Schmähgedichten mich deshalb mit spöttischen Namen zu bezeichnen. Ich ließ mich dadurch nicht irre machen, sondern faßte meinen Gegenstand scharf ins Auge; der Wurf war einmal getan, und es fragte sich nur, wie man die Steine im Brett vorteilhaft setzte. Ich sah wohl, daß mir auch hier niemand raten würde, und als ich nach einiger Zeit mein Werk wie ein fremdes betrachten konnte, so erkannte ich freilich, daß ich bei dem Versuch, auf die Einheit der Zeit und des Orts Verzicht zu tun, auch der höheren Einheit, die um desto mehr gefordert wird, Eintrag getan hatte. Da ich mich ohne Plan und Entwurf bloß der Einbildungskraft und einem innern Trieb überließ, so war ich von vornherein ziemlich bei der Klinge geblieben, und die ersten Akte konnten für das, was sie sein sollten, gar füglich gelten; in den folgenden aber, und besonders gegen das Ende, riß mich eine wundersame Leidenschaft unbewußt hin. Ich hatte mich, indem ich Adelheid liebenswürdig zu schildern trachtete, selbst in sie verliebt, unwillkürlich war meine Feder nur ihr gewidmet, das Interesse an ihrem Schicksal nahm überhand, und wie ohnehin gegen das Ende Götz außer Tätigkeit gesetzt ist und dann nur zu einer unglücklichen Teilnahme am Bauernkriege zurückkehrt, so war nichts natürlicher, als daß eine reizende Frau ihn bei dem Autor ausstach, der, die Kunstfesseln abschüttelnd, in einem neuen Felde sich zu versuchen dachte. Diesen Mangel, oder vielmehr diesen tadelhaften Überfluß erkannte ich gar bald, da die Natur meiner Poesie mich immer zur Einheit hindrängte. Ich hegte nun anstatt der Lebensbeschreibung Götzens und der deutschen Altertümer mein eignes Werk im Sinne und suchte ihm immer mehr historischen und nationalen Gehalt zu geben und das, was daran fabelhaft oder bloß leidenschaftlich war, auszulöschen; wobei ich freilich manches aufopferte, indem die menschliche Neigung der künstlerischen Überzeugung weichen mußte. So hatte ich mir zum Beispiel etwas Rechts zugute getan, indem ich in einer grauserlich nächtlichen Zigeunerszene Adelheid auftreten und ihre schöne Gegenwart Wunder tun ließ. Eine nähere Prüfung verbannte sie, so wie auch der im vierten und fünften Akte umständlich ausgeführte Liebeshandel zwischen Franzen und seiner gnädigen Frau sich ins Enge zog und nur in seinen Hauptmomenten hervorleuchten durfte.

Ohne also an dem ersten Manuskript irgendetwas zu verändern, welches ich wirklich noch in seiner Urgestalt besitze, nahm ich mir vor, das Ganze umzuschreiben, und leistete dies auch mit solcher Tätigkeit, daß in wenigen Wochen ein ganz erneutes Stück vor mir lag. Ich ging damit umso rascher zu Werke, je weniger ich die Absicht hatte, diese zweite Bearbeitung jemals drucken zu lassen, sondern sie gleichfalls nur als Vorübung ansah, die ich künftig bei einer mit mehrerem Fleiß und Überlegung anzustellenden neuen Behandlung abermals zum Grunde legen wollte.

Als ich nun mancherlei Vorschläge, wie ich dies anzufangen gedächte, Mercken vorzutragen anfing, spottete er mein und fragte, was denn das ewige Arbeiten und Umarbeiten heißen solle. Die Sache werde dadurch nur anders und selten besser; man müsse sehn, was das eine für Wirkung tue, und dann immer wieder was Neues unternehmen. ›Beizeit auf die Zäun, so trocknen die Windeln!‹ rief er sprüchwörtlich aus; das Säumen und Zaudern mache nur unsichere Menschen. Ich erwiderte ihm dagegen, daß es mir unangenehm sein würde, eine Arbeit, an die ich so viele Neigung verwendet, einem Buchhändler anzubieten und mir vielleicht gar eine abschlägliche Antwort zu holen: denn wie sollten sie einem jungen, namenlosen und noch dazu verwegenen Schriftsteller beurteilen? Schon meine ›Mitschuldigen‹, auf die ich etwas hielt, hätte ich, als meine Scheu vor der Presse nach und nach verschwand, gern gedruckt gesehn; allein ich fand keinen geneigten Verleger.

Hier ward nun meines Freundes technisch-merkantilische Lust auf einmal rege. Durch die Frankfurter Zeitung hatte er sich schon mit Gelehrten und Buchhändlern in Verbindung gesetzt; wir sollten daher, wie er meinte, dieses seltsame und gewiß auffallende Werk auf eigne Kosten herausgeben, und es werde davon ein guter Vorteil zu ziehen sein; wie er denn, mit so vielen andern, öfters den Buchhändlern ihren Gewinn nachzurechnen pflegte, der bei manchen Werken freilich groß war, besonders wenn man außer acht ließ, wie viel wieder an anderen Schriften und durch sonstige Handelsverhältnisse verloren geht. Genug, es ward ausgemacht, daß ich das Papier anschaffen, er aber für den Druck sorgen solle; und somit ging es frisch ans Werk, und mir gefiel es gar nicht übel, meine wilde dramatische Skizze nach und nach in saubern Aushängebogen zu sehen: sie nahm sich wirklich reinlicher aus, als ich selbst gedacht. Wir vollendeten das Werk, und es ward in vielen Paketen versendet. Nun dauerte es nicht lange, so entstand überall eine große Bewegung; das Aufsehn, das es machte, ward allgemein. Weil wir aber bei unsern beschränkten Verhältnissen die Exemplare nicht schnell genug nach allen Orten zu verteilen vermochten, so erschien plötzlich ein Nachdruck; und da überdies gegen unsere Aussendungen freilich so bald keine Erstattung, am allerwenigsten eine bare, zurückerfolgen konnte, so war ich als Haussohn, dessen Kasse in reichlichen Umständen sein konnte, zu einer Zeit, wo man mir von allen Seiten her viel Aufmerksamkeit, ja sogar vielen Beifall erwies, höchst verlegen, wie ich nur das Papier bezahlen sollte, auf welchem ich die Welt mit meinem Talent bekannt gemacht hatte. Merck, der sich schon eher zu helfen wußte, hegte dagegen die besten Hoffnungen, daß sich nächstens alles wieder ins gleiche stellen würde; ich bin aber nichts davon gewahr worden.

[...]

Ein angesehener Geschäftsmann macht mir ganz unvermutet die Visite. Ich sehe mich dadurch höchst geehrt, und umso mehr, als er sein Gespräch mit dem Lobe meines ›Götz von Berlichingen‹ und meiner guten Einsichten in die deutsche Geschichte anfängt; allein ich finde mich doch betroffen, als ich bemerke, er sei eigentlich nur gekommen, um mich zu belehren, daß Götz von Berlichingen kein Schwager von Franz von Sickingen gewesen sei, und daß ich also durch dieses poetische Ehebündnis gar sehr gegen die Geschichte verstoßen habe. Ich suchte mich dadurch zu entschuldigen, daß Götz ihn selber so nenne; allein mir ward erwidert, daß dieses eine Redensart sei, welche nur ein näheres freundschaftliches Verhältnis ausdrücke, wie man ja in der neueren Zeit die Postillone auch Schwager nenne, ohne daß ein Familienband sie an uns knüpfe. Ich dankte, so gut ich konnte, für diese Belehrung und bedauerte nur, daß dem Übel nicht mehr abzuhelfen sei. Dieses ward von seiner Seite gleichfalls bedauert, wobei er mich freundlichst zu fernerem Studium der deutschen Geschichte und Verfassung ermahnte und mir

dazu seine Bibliothek anbot, von der ich auch in der Folge guten Gebrauch machte.
Das Lustigste jedoch, was mir in dieser Art begegnete, war der Besuch eines Buchhändlers, der mit einer heiteren Freimütigkeit sich ein Dutzend solcher Stücke ausbat und sie gut zu honorieren versprach. Daß wir uns darüber sehr lustig machten, läßt sich denken, und doch hatte er im Grunde so unrecht nicht: denn ich war schon im stillen beschäftiget, von diesem Wendepunkt der deutschen Geschichte mich vor- und rückwärts zu bewegen und die Hauptereignisse in gleichem Sinn zu bearbeiten. Ein löblicher Vorsatz, der, wie so manche andere, durch die flüchtig vorbeirauschende Zeit vereitelt worden.«

(3. Teil, 13. Buch)

»Durch ›Götz von Berlichingen‹ aber war ich gegen die obern Stände sehr gut gestellt; was auch an Schicklichkeiten bisheriger Literatur mochte verletzt sein, so war doch auf eine kenntnisreiche und tüchtige Weise das altdeutsche Verhältnis, den unverletzbaren Kaiser an der Spitze, mit manchen andern Stufen, und ein Ritter dargestellt, der im allgemein gesetzlosen Zustande als einzelner Privatmann wo nicht gesetzlich, doch rechtlich zu handeln dachte und dadurch in sehr schlimme Lagen gerät. Dieser Komplex aber war nicht aus der Luft gegriffen, sondern durchaus heiter lebendig und deshalb auch wohl hie und da ein wenig modern, aber doch immer in dem Sinne vorgeführt, wie der wackere, tüchtige Mann sich selbst, und also wohl zu leidlichen Gunsten, in eigner Erzählung dargestellt hatte.
Die Familie blühte noch, ihr Verhältnis zu der fränkischen Ritterschaft war in seiner Integrität geblieben, wenn gleich diese Beziehungen, wie manches andere jener Zeit, bleicher und unwirksamer mochten geworden sein.
Nun erhielt auf einmal das Flüßlein Jagst, die Burg Jagsthausen eine poetische Bedeutung; sie wurden besucht so wie das Rathaus zu Heilbronn.«

(4. Teil, 17. Buch)

»Nicht anders als Frau Aja ward sie [Goethes Mutter] genannt, und sie gefiel sich in dem Scherze und ging so eher in die Phantastereien der Jugend mit ein, als sie schon in Götz von Berlichingens Hausfrau ihr Ebenbild zu erblicken glaubte.«

(4. Teil, 18. Buch)

»Nachdem ich im ›Götz von Berlichingen‹ das Symbol einer bedeutenden Weltepoche nach meiner Art abgespiegelt hatte, sah ich mich nach einem ähnlichen Wendepunkt der Staatengeschichte sorgfältig um. Der Aufstand der Niederlande gewann meine Aufmerksamkeit. In ›Götz‹ war es ein tüchtiger Mann, der untergeht in dem Wahn: zu Zeiten der Anarchie sei der wohlwollende Kräftige von einiger Bedeutung. Im ›Egmont‹ waren es festgegründete Zustände, die sich vor strenger, gut berechneter Despotie nicht halten können. Meinen Vater hatte ich davon auf das lebhafteste unterhalten, was zu tun sei, was ich tun wolle, daß ihm dies so unüberwindliches Verlangen gab, dieses in meinem Kopf schon fertige Stück auf dem Papiere, es gedruckt, es bewundert zu sehen.«

(4. Teil, 19. Buch)

Im Herbst 1818 verfaßte Goethe ein Festspiel in Form eines Maskenzuges, das bei den Hoffeiern anläßlich des Besuchs der Kaiserin Maria Feodorowna, der Mutter der Erbgroßherzogin, in Weimar aufgeführt wurde. In einer Einleitung zum 1819 erfolgten Druck skizziert er das Geschehen:

». . . Zu den Bemühungen eines lebenden Dichters folgt hierauf der Übergang. Die Ilme tritt abermals hervor, und indem sie ihm die Beständigkeit seiner Neigung zu ihr zum Verdienst macht, rechtfertigt sie die ihrige. Ein Überblick theatralischer Behandlung wichtiger Weltbegebenheiten wird gefordert, da alle folgenden Glieder des Zuges dramatische Werke sind.
Mahomet erscheint mit Palmyren und Seïden. Als Musterbild dramatischer Beschränkung in Ansehung der Handlung, der Zeit und des Ortes, wie solche früher die Alten, späterhin besonders die Franzosen beliebt, kann diese Darstellung wohl gelten.
Die Aussicht auf eine freiere Dichtart wird gegeben. Götz von Berlichingen tritt auf, von den Seinigen begleitet, mit Gegnern ausgesöhnt. Wir sehen Gattin, Sohn und Schwester, voran den treuen Georg. Weislingen, Adelheid und Franz dürfen nicht fehlen. Landvolk zeigt sich, den einfachen Lebensgenuß zur verworrensten Zeit, Zigeuner dagegen, den gesetzlichen Zustand aufgelöst anzudeuten.«

Die entsprechenden Passagen des Maskenzuges lauten:

Götz von Berlichingen

[Epos]

So auch der Deutsche gern. Auf diesem Pfade
Naht frei entwickelt sich ein reich Gebild.
Auch dieses bittet: schenkt ihm Gunst und Gnade!
Die bunten Züge mustert freundlich mild,
Alsdann vernehmt, ganz zur gerechten Stunde,
Was es verbirgt im tiefsten Hintergrunde.

Die Schreckenstage, die ein Reich erfährt,
Wo jeglicher befiehlt und keiner hört,
Wo das Gesetz verstummt, der Fürst entflieht,
Und niemand Rat und niemand Rettung sieht,
Die schildr ich nicht: denn ewig ungepaart
Bleibt solchem Fest Erinnrung solcher Art.

Doch dieses Bild führt uns heran die Zeit,
Wo Deutschland, in und mit sich selbst entzweit,
Verworren wogte, Zepter, Krummstab, Schwert
Feindselig eins dem andern zugekehrt;
Der Bürger still sich hinter Mauern hielt,
Des Landmanns Kräfte kriegrisch aufgewühlt;
Wo auf der schönen Erde nur Gewalt,
Verschmitzte Habsucht kühne Wagnis galt.

Ein deutsches Ritterherz empfand mit Pein
In diesem Wust den Trieb, gerecht zu sein.
Bei manchen Zügen, die er unternahm,
Er half und schadete, so wie es kam,
Bald gab er selbst, bald brach er das Geleit,
Tat recht und unrecht in Verworrenheit,
So daß zuletzt die Woge, die ihn trug,
Auf seinem Haupt verschlingend überschlug;
Er, würdig-kräftger Mann, als Macht gering,
Im Zeitensturm unwillig unterging.

Ihm steht entgegen, selbstgewiß, in Pracht,
Des Pfaffenhofes listgesinnte Macht,
Gewandter Männer weltlicher Gewinn
Und leidenschaftlich wirkend Frauensinn.
Das wankt und wogt, ein streitend Gleichgewicht,
Die Ränke siegen, die Gewalt zerbricht.
Zur Seite seht des Landmanns Heiterkeit,

Der jeden Tag des Leidlichen sich freut.
Und fernerhin Zigeuner zeigen an,
Es sei um Ordnung in dem Reich getan.

(Neue Cotta-Ausg. Bd. III. S. 1319 ff.)

Gespräch mit Soret am 6. März 1830:

»Er betonte die litterarische Revolution, die die Franzosen als etwas Neues ansehen, und die im Grunde genommen nichts als Reflex von dem ist, was seit 50 Jahren mit der deutschen Litteratur vorgegangen ist. ›So ist‹, sagte er, ›die Gattung des historischen Schauspiels, die bei unsern Nachbarn als neu gilt, schon seit einem halben Jahrhundert durch meinen „Götz" vorbereitet‹.«

(Gräf II, 3, S. 117)

Gespräch mit Soret am 14. März 1830:

»Schließlich billigt Goethe die Exclusivität der heutigen Romantik eben so wenig als die beschränkten Pedanterien gewisser Classiker. Er möchte nicht gern irgend eine Form ausgeschlossen sehen; die großen regulären Stücke sind dem Theater nothwendig für gewisse Stoffe, die der Classicität hervorragend günstig sind. – ›Ich habe‹, sagte er, ›dafür selbst ein Beispiel gegeben, habe in strenger classischer Form Gegenstände behandelt, die nach griechischem Muster behandelt werden mußten, um wahr zu bleiben; und wenn es auf der einen Seite eine Thorheit gewesen wäre, die drei Einheiten im „Götz" zu beachten, so würde es andrerseits gegen alle Empfindung des Schönen verstoßen haben, hätte ich meiner „Iphigenie" einen romantischen Aufputz geben wollen.‹«

(Gräf II, 3, S. 117 f.)

VI. Zeitgenössische Dokumente zur Rezeption des »Götz«

Der unmittelbare stürmische Erfolg, den das anonyme, an entlegener Stelle im Selbstverlag erschienene Erstlingswerk eines jungen Dichters in ganz Deutschland hatte, ist nur zu verstehen, wenn man sich klarmacht, in welch vollkommener Weise der »Götz« Tendenzen der Zeit in sich vereinigte, Tendenzen, die geahnt und gefühlt, theoretisch formuliert und in Dichtungsversuchen angeklungen waren und die nun auf einmal in einer großen Dichtung Gestalt gewonnen hatten.

Schon seit der Mitte des Jahrhunderts hatten sich Theorie und Praxis der Dichtung der Vergangenheit des deutschen Volkes zugewandt. Paul Hagenbring (s. Kap. IX) hat die ganze Breite dieser Tradition dargestellt, die mit Elias Schlegels »Hermann« (1743) und seiner theoretischen Forderung nach nationalen Stoffen, die vorzugsweise Anklang beim Publikum fänden, begann. Goethe war dieser Dichtung begegnet, als man 1766 das Leipziger Theater mit dem »Hermann« als einem deutsch-patriotischen Stücke eröffnete. 1769 erschien Klopstocks äußerst erfolgreiches ›Bardiet für die Schaubühne‹ »Hermanns Schlacht«. Typisch für diese frühen nationalen Dichtungen war die Einschränkung auf germanische Stoffe, die für Klopstock geradezu Merkmal der Gattung ist, die er beleben will. Er erklärt ›Bardiet‹ als »eine Art der Gedichte[...], deren Inhalt aus den Zeiten der Barden seyn, und deren Bildung so scheinen muß« (Hagenbring, S. 11). Somit ist der entscheidende Mangel dieser Dichtungsart schon mit ihrer Entstehung gegeben: Die Zeiten der Germanen waren zu unbekannt und zu fern, um anschaulich auf die Bühne gestellt zu werden; die Dichtungen blieben notwendig so vage wie Tacitus' Nachrichten von den ›barditi‹, auf die Klopstock sich stützte. Goethe schrieb 1811 rückschauend in einem für »Dichtung und Wahrheit« bestimmten Aufsatz zu Schlegels Leipziger »Hermann«, daß er, »ungeachtet aller Tierhäute und anderer animalischer Attribute, sehr trocken ablief [...]. Ich glaubte einzusehen, daß solche Stücke in Zeit und Gesinnung zu weit von uns ablägen, und suchte nach bedeutenden Gegenständen in der späteren Zeit, und so war dieses der Weg, auf dem ich einige Jahre später zu ›Götz von Berlichingen‹ gelangte«.

Dieser Weg war für Goethe schon gebahnt durch die Hinwendung zum deutschen Mittelalter und seinen Dichtungen, die sich im Süden Deutschlands vor allem unter Führung des Schweizers Johann Jacob Bodmer vollzogen hatte. In den von ihm herausgegebenen und bekanntgemachten mittelhochdeutschen Dichtungen begegnete man einer noch ohne große Mühe verständlichen Sprache; sie entstammten zudem einer Zeit, aus der noch Bauten vorhanden, noch viele Einzelheiten bekannt waren. So wurden z. B. an der Universität Straßburg, die seit der 1681 erfolgten Übergabe der Stadt an Frankreich die deutsche Tradition besonders bewußt pflegte, seit dem Ende des 17. Jahrhunderts deutsche mittelalterliche Rechts- und Geschichtsquellen und Dichtungen gesammelt, herausgegeben und wissenschaftlich-philologisch erforscht.

Dieses auf die eigene deutsche Vergangenheit gerichtete Bemühen war in Straßburg noch lebendig, als Goethe 1770 dort seine Studien wiederaufnahm. Zugleich bestand ein traditioneller Zusammenhang zwischen diesen elsässischen Bestrebungen und dem Bemühen der Schweizer. Von Johann Daniel Schöpflin, dem großen Kenner und Beschreiber des Elsaß, sagt Goethe in »Dichtung und Wahrheit«, daß er »dem paradiesischen Rheintal ganz eigentlich« angehörte, d. h. der oberrheinischen Landschaft, sei sie nun deutsch, schweizerisch oder französisch. Schöpflin hatte entsprechend viele Verbindungen zur Schweiz; mit Bodmer korrespondierte er z. B. über ihre gemeinsamen historischen Interessen. »Auch ohne nähere Berührung hatte« Schöpflin »bedeutend auf mich eingewirkt«, schreibt Goethe in »Dichtung und Wahrheit«. Seine »Alsatia Illustrata« verhalf ihm dazu, daß er sich »manchen Traum der Vorzeit« »wachend ausmalen« konnte (II, 11). Schöpflins Schüler Oberlin wies Goethe noch verstärkt auf die »Denkmale der Mittelzeit« in »Ruinen und Resten, Siegeln und Dokumenten«, »Minnesingern und Heldendichtern« hin. »Deutschheit emergierend«, so zog Goethe bei der Arbeit an »Dichtung und Wahrheit« die Summe der damaligen Einflüsse auf ihn.

Geklärt wurde diese Fülle historischer Eindrücke durch die Begegnung mit Herder, der Goethe in Straßburg die Geschichte philosophisch durchdringen lehrte. Waren Klopstock und Bodmer noch dem Geschichtsbild der Aufklärung verpflichtet, verbanden sie mit ihren dichterischen und historischen Bestrebungen noch die Absicht, das Gute und Brauchbare früherer Epochen neu beleben zu können, so lehrte Herder Goethe, daß geschichtliche Abläufe sich gesetzmäßig vollziehen, daß sie so wenig umkehrbar sind wie die Entwicklung eines Menschen in seinem Leben, daß ein Rückgriff auf frühere Stufen so unmöglich ist wie die Rückkehr des Greises zur Jugend. Damit trat zur Beschäftigung mit dem nationalen historischen Stoff im Sinne Schlegels und Klopstocks und zur Bevorzugung des Mittelalters in Schweizer und Elsässer Tradition die Hinwendung zu einer Epoche, in der Herders Anschauung vom geschichtlichen Ablauf deutlich wird. Die »Weltepoche«, die würdiger Gegenstand historischer Dichtung sein soll, muß »bedeutend« sein, wie der Terminus technicus des späten Goethe lautet (vgl. Kap. V), muß einen »Wendepunkt der Staatengeschichte« bilden. Die Wahl der Zeit erst verleiht Goethes »Götz« seine eigentümliche Tragik: ein großer Mann geht unter, ohne einen großen Gegenspieler zu haben, begeht Fehler, ohne anders zu können, weil eine schwächere Zeit die seine notwendig und unaufhaltsam ablöst.

Mit der Wahl eines Stoffes aus dem 16. Jahrhundert für die Handlung eines historischen Dramas hat Goethe im »Götz« – wie später noch einmal im »Faust« – die für historische Dichtungen ergiebigste deutsche Epoche getroffen. Griff der Zeitgenosse Goethes historisch zurück, so war dies die letzte nicht ›moderne‹ Epoche, auf die er stieß, die gleichzeitig die ersten ›modernen‹ Züge aufwies, die Zeit des ›noch‹ und des ›schon‹ zugleich, angesiedelt zwischen dem ›nicht mehr‹ und dem ›noch nicht‹. Sie wies bereits exotische Züge auf, ohne völlig fremd zu sein – immerhin war Goethes zeitlicher Abstand zu Götz nicht sehr viel größer als der unsere zum »Götz«.

Viele historische Dichtungen sind Goethe hierin gefolgt – weniger in direkter Nachahmung als aus demselben Bestreben heraus, den Kampf des Alten mit dem Neuen zu zeigen: Tiecks »Franz Sternbalds Wanderungen«, Arnims »Kronenwächter«, Coopers »The Heidenmauer«. Schillers »Räuber« wurden politisch entschärft, indem man sie 1782 bei der

Uraufführung aus dem 18. Jahrhundert zurückverlegte nach »Deutschland im Jahre, als Kaiser Maximilian den ewigen Landfrieden für Deutschland stiftete«. Mutatis mutandis hat Goethes Wahl der »bedeutenden Weltepoche« das Muster für die historische Dichtung der Weltliteratur abgegeben. Wie Goethe auf das ausgehende Mittelalter und die beginnende Neuzeit zurückgriff, wählte Scott (vgl. Kap. VI) mit Vorzug die Epoche, in der schottische Tradition sich gegen englische Neuerungen stellt, die ›border‹, die zeitlich wie örtlich seine besten Romane prägt. Griff er, wie in »Ivanhoe«, weiter zurück, wählte er lediglich dieselbe Konstellation in früherem Kostüm, dem der Sachsen und der Normannen. Ebenso beginnen Coopers »Leatherstocking Tales« nicht in der unberührten Wildnis des Westens zu Coopers Zeit und nicht in der »fernen« Vergangenheit, da auch der Staat New York noch Wildnis war, sondern in der Zeit, wo das alte Recht der Wildnis mit der Wildnis selbst den Siedlungen und ihren Gesetzen weichen muß, wo Lederstrumpf, wie einst der Ritter mit der eisernen Hand, durch bloßes Festhalten am alten Recht zum Verbrecher im Sinn der neuen Gesetze wird (»The Pioneers«, 1823).

Wie sehr Goethes »Götz« Tendenzen der Zeit verkörpert, mögen zwei Dokumente zeigen, die noch vor seinem Erscheinen im Jahre 1773 entstanden sind. Aufgrund seiner Kenntnis der »Geschichte Gottfriedens« schreibt Johann Gottfried Herder (1744–1803) am Ende seines Shakespeare-Aufsatzes:

»Glücklich, dass ich noch im Ablaufe der Zeit lebte, wo ich ihn [Shakespeare] begreifen konnte, und wo du, mein Freund, der du dich bey diesem Lesen erkennest und fühlst, und den ich vor seinem heiligen Bilde mehr als Einmal umarmet, wo du noch den süssen und deiner würdigen Traum haben kannst, sein Denkmal *aus unsern Ritterzeiten* in unsrer Sprache unserm so weit abgearteten Vaterlande herzustellen. Ich beneide dir den Traum, und dein edles deutsches Würken lass nicht nach, bis der Kranz dort oben hange. Und solltest du alsdenn auch später sehen, wie unter deinem Gebäude der Boden wankt, und der Pöbel umher still steht und gafft, oder höhnt, und die daurende Pyramide nicht alten ägyptischen Geist wieder aufzuwecken vermag. – Dein Werk wird bleiben, und ein treuer Nachkomme dein Grab suchen, und mit andächtiger Hand dir schreiben, was das Leben fast aller Würdigen der Welt gewesen:

voluit! quiescit!«

(Herder: Shakespear. In: Von deutscher Art und Kunst. Hamburg 1773. Der Shakespeare-Aufsatz entstand schon 1771.)

Kannte Herder damals immerhin die erste Fassung, so schrieb Johann Jacob Bodmer (1698–1783) seinen Artikel »Politisches Trauerspiehl« für Johann Georg Sulzers »Allgemeine Theorie der schönen Künste«, ohne von Goethes Bemühungen auf diesem Feld zu wissen. Der »Götz« erschien zwischen Abfassung und Drucklegung der »Theorie«, so daß Sulzer noch in einer Anmerkung auf die enge Verwandtschaft zwischen Bodmers Theorie und Goethes Praxis hinweisen konnte.

»Lasset uns die lebhafte Vorstellung, die vom Schauen entstehet, beyseyte sezen; immer wird das (politische) Drama noch brauchbar bleiben, Patriotisme, Naturrechte, Staatsbegriffe, populare Empfindungen, einzuprägen, wenn man sich gleich einschränket, für den stillen Leser zu schreiben, der in einer Erholungsstunde am Pulte sizet [...]. Dieses Drama darf sich nicht mit Angst an die Einheit des Ortes und der Zeit binden [...]. Die Protagonisten in einem Drama, welches so große Angelegenheiten umfasset, wie die Nationalinteressen sind, müssen nothwendig starke Seelen seyn, die sich gegen allgemeine Vorurtheile, gegen Übel, die unter hohem Schuze stehen, mit dem Muthe der heroischen Zeiten bewaffnen.«

(Bodmer: Politisches Trauerspiehl. In: Sulzer, Allgemeine Theorie der schönen Künste. Bd. II. 1774. Zitiert nach Hagenbring, S. 33 f.)

Matthias Claudius (1740–1815) zeigte das Werk am 3. Juli 1773 in seinem »Wandsbecker Boten« an:

»Was wir von dieser Komödie zu sagen haben, läuft ohngefähr darauf hinaus: Der Verfasser treibt nicht Schleichhandel zum Nachteil der bekannten *Einheiten*, die Großvater Aristoteles und nach ihm die *Klein*-Enkel, progenies vitiosior, auf der aesthetischen Höhe zur Anbetung hinge-

stellt haben, sondern bricht grade durch alle Schranken und Regeln durch, wie sein edler, tapfrer Götz durch die blanken Esquadrons feindlicher Reuter, kehrt das Bild auf der Höhe unterst zu oberst und setzt sich aufs Fußgestelle hin hohnlachend. Das macht er nun freilich etwas bunt, und es läßt sich mit Fug gegen diesen Unfug manches sagen, das man auch sagen würde, wenn einen der Verfasser durch einige Weisen, die er an sich hat, nicht versöhnte. Die Geschichte des Stücks ist aus der Fehdenzeit und Götz ein Freund des Kaisers, ein freier, tapfrer Mann, der dem Bischof und kleinen Fürsten, die Ungerechtigkeit übten, nicht hofieren wollte, und durch Weislingen und andre Tellerlecker, denen er im Wege war, auf die Seite geschafft werden sollte, durch offenbare Gewalt nämlich, wie damals der Ton war; der aber auch einige Freunde und wenige tapfre Reuter hatte und seine Feinde auf die Seite schaffte, bis sie ihn endlich durch Mißdeutung als Mordbrenner anklagten und er, von Verdruß und Wunden und Gram etc. überladen, zu Heilbrunn im Gefängnis sterben mußte, nachdem er noch kurz vorher in dem ›kleinen Gärtgen des Wächters eine halbe Stunde der lieben Sonne genossen hatte‹. Bei Stücken wie dies, wo man nirgends das Winkelmaß anlegen kann, muß ein jeder den Wert aus dem Eindruck bestimmen, den das Stück, so wie es da ist, auf ihn macht, und da sind wir unsers Orts dem Verfasser für seine Comödie verbunden und erwarten größere Dinge von ihm.
Hin und wider ein hartes Wort, das sich die Knechte herausnehmen und das selbst Götz sich ein- oder zweimal entfahren läßt, muß niemand beleidigen. Knechte sind Knechte, und Shakespeare läßt sie auch nicht wie Petits Maîtres sprechen, und die andern sprechen desto besser.« (Blumenthal, S. 35 f.)

Am 8. Juli 1773 schreibt Gottfried August Bürger (1747 bis 1794) an Heinrich Christian Boie:

»Boie! Boie! Der Ritter mit der eisernen Hand, welch ein Stück! Ich weiß mich vor Enthusiasmus kaum zu lassen. Womit soll ich dem Verfasser mein Entzücken entdecken? Den kann man doch den deutschen Shakespeare nennen, wenn man einen so nennen will. Brechen möcht' ich mich vor Ekel, wenn man Weißen so nennt. Welch ein durchaus deutscher Stoff! Welch kühne Verarbeitung! Edel und frei wie sein

Held tritt der Verfasser den elenden Regelnkodex unter die Füße und stellt uns ein ganzes événement mit Leben und Odem bis in seine kleinsten Adern beseelt vor Augen. Erschütterung, wie sie Shakesp. nur immer hervorbringen kann, habe ich in meinem innersten Mark gefühlt. Mitleid! Schrekken! – Grausen, kaltes Grausen, wie wenn einen kalter Nordwind anweht! Götzens kleiner Junge! Die Zigeunerszene, die auf dem Rathause, der sterbende Weislingen, das heimliche Gericht! Gott, Gott, wie lebendig, wie shakespearisch! O, ich kann selbst nicht sagen, wie vortrefflich! – Glück zu dem edlen, freien Mann, der der Natur gehorsamer als der tyrannischen Kunst war. Mag doch das Rezensentengeschmeis, mag doch der Lesepöbel, der die Nase beim Schnickschnack der Orsina rümpfte, bei dem A – lecken den Rüssel verziehen! Solches Gesindel mag diesen Verfasser im – –! O Boie, wissen Sie nicht, wer es ist? Sagen Sie, sagen Sie mir's, daß ihm meine Ehrfurcht einen Altar baue! Ich behalte das Stück, will's gerne bezahlen, und wenn es auch noch soviel kostete und wenn ich alle Werke Voltaires und Corneilles darum verkaufen sollte. Corneille! – Armseliger Bel zu Babel! Wer mag wohl solch leimenem Götzen Ehr erweisen! Le grand Corneille? Sch – kerl! Sch – kerls alle Franzosen! Dieser Götz von Berlichingen hat mich wieder zu drei neuen Strophen zur Lenore begeistert! – Herr, nichts weniger in ihrer Art soll sie werden, als was dieser Götz in seiner ist! Aber in zwei Monaten wird sie noch nicht fertig. Hu! wie wird mich der Unverstand drüber anblöken! – Aber der kann mich – –. Frei! Frei! Keinem untertan als der Natur! – Mein Verdruß ist nur itzt, daß ich keinen um mich habe, mit dem ich mich recht über den Götz exklamieren kann. Meine Freude will mir schier das Herz abstoßen. Ich möchte wohl eine Rezension davon machen, die sollte so lauten:

Wenn der Exekutionszug der Journalisten an den freien, kühnen Verfasser dieses originalen Meisterstücks seinen Trompeter absenden, ihn für einen Rebellen gegen die Kritik erklären und auffordern lassen sollte, sich auf Gnad' und Ungnade zu ergeben, so müßte er das antworten, was er seinen Ritter durchs Fenster dem feindlichen Herold zurufen läßt: ›Vor Ihrer Kais. Majestät der wahren Kritik hab ich den schuldigen Respekt, aber ihr Geschmeiß könnt mich allzusammen im – –!‹« (Blumenthal, S. 36 f.)

»Gelehrte Zeitung für das Frauenzimmer«, 24. Juli 1773:

»Zuförderst meinen herzlichen, heißen Dank, Dir, Edler Deutscher, der du uns andern, auch nicht unedlen Deutschen aus der Schatzkammer Deines Genies dies vaterländische Schauspiel mitgeteilt hast! Nenne, o nenne uns deinen Namen, daß wir ihn in dem Tempel unsrer Dichter, in unvergängliches Erzt eingegraben, zuoberst aufhängen, an Lessings Seite: denn du, Edler, hast wie Er, vaterländisch gedichtet! – Und nun, meine Leserinnen, lassen Sie sich sagen, daß dieser Götz von Berlichingen, trotz seiner eisernen Hand, ein edler vortreflicher Mann ist, und seine Frau Elisabeth ein edles, vortrefliches Weib und seine Schwester Maria ein sanftes, weichgeschaffenes Mädchen, und sein kleiner Carl ein Kind zum Aufessen: Und doch – Und doch, werden Sie Götzen bey der dritten Seite wegwerfen. Wie das? Sehen Sie, der gute Götz mit seinem ganzen Hause versteht keine Lebensart, keine monde; Er ist auch nicht ein bischen artig – Überdem geht es bey ihm so pauvre, so armselig zu! Er gibt eine Fête von weißen Rüben und einem Lammsbraten: Welch eine Fête für einen Edelmann! – Doch das ist noch nichts! – Bey einer gewissen Gelegenheit sagt er das grade heraus, was Dindonette in ihrem Mährchen von der Prinzessin Landerirette so allerliebst versteckt sagt! Kurz, Hundert gegen Eins – Sie werfen Götzen weg. Der Mann könnte zwar dis zur Entschuldigung anführen, daß er im 15ten Jahrhunderte gelebt hat: aber darauf werden Sie sagen: Wir leben nicht im 15ten, sondern im 18ten. Hätten wir zu Götzens Zeit gelebt, so könnten wir ihn vielleicht erträglich gefunden haben – Und so ist es wieder nichts! Nun so erlauben Sie mir wenigstens, daß ich Ihnen aus diesem verschmähtem Götz die Geschichte von Weislingen und Adelheid von Walldorf vorlege:

[Es folgt eine ausführliche Inhaltsangabe mit Wiedergabe einzelner Szenen.]

Sehen Sie, meine Leserinnen! Diese Geschichte, wovon ich Ihnen nur einen magern Auszug gegeben habe steht im Götz, von dem ich allen Umständen nach prophezeien muß, daß Sie ihn wegwerfen werden – Und ist doch nur eine Nebengeschichte, die mit der Hauptgeschichte von Götz parallel läuft. Sie ist nur ein Faden aus einem großen langen Gewebe! das Ganze vermag unendlich mehr, als dieser ausgerissene Theil. Götz selber. – Welch ein Mann! Ein Mann, den die Fürsten hassen und zu dem die Bedrängten sich wenden! Hundertmal hab ich in Gedanken mit dem Mönche Martin gesagt: O laß sie mich küssen, diese eiserne Hand! – Und wie spielt das Glück mit dem Redlichen, bis eine tödtliche Wunde seinem Leben ein Ende macht. Ich könnte noch einen Bogen schreiben von diesem Götz und seinem Knechte George und von einem andern Knechte Lerse und von Götzens Freunden Sikingen und Selbitz – Und noch einen von den süßen Kinderscenen mit Carl und von der vortreflichen Scene mit dem Mönche Martin und von den heroischen Kugelgießern und von Götzens mannhafter Verantwortung auf dem Rathause – und wäre doch nicht bis an die Fehler meines Schauspiels! Und wenn ich endlich dran wäre, packte ich dennoch vielleicht meinen ganzen aufgefundenen Fehlerkram wieder zusammen und schmeckte lieber das Gute und Schöne von forne (sic). Sie werden ungeduldig, meine Leserinnen? Ich bedaure: Dismal konnte ich mich nicht kürzer fassen. Es war Götz, den ich Ihnen anzeigte, und glauben Sie mir, ich wollte mich schämen, wenig von ihm gesagt zu haben.«

(Nollau, S. 94)

Aus einem Brief des Majors Heinrich Gottfried von Bretschneider (1739–1810) an Friedrich Nicolai am 18. August 1773:

»Zu Franckfurt ist herausgekommen Götz von Berlichingen mit der eisernen Hand, ein Schauspiel Der Verfaßer D. Göthe, ein junger Rechtsgelehrter in Franckfurt, ist ein unglückseliger Nachahmer von Shakespar, das Schauspiel begreift einen Zeitraum von nicht mehr als 6–7. Jahren und der Schauplatz einen Umfang von 20 Meilen in sich. Bald reden die Personen so erhaben modern, als wenn sie den Klopstock gelesen hätten, bald künsteln sie mit sehr schlechten Glück die Sprache des 16 Jahrhunderts nach, bald reden sie wie zärtliche Petit maitres bald wie der niedrigste Pöbel; das lächerlichste aber ist, daß sie zu Berlichings Zeiten Ao. 1530–50 von Peruquen, und Büchern in usum delphini schwatzen.«

(Mitgeteilt von Lutz Mackensen in: »Goethe« – Neue Folge des Jahrbuchs der Goethe-Gesellschaft 23 [1961] S. 326–333, der Ausschnitt S. 330 f.)

»Frankfurter gelehrte Anzeigen«, 20. August 1773:

»Maynstrom. Götz von Berlichingen mit der eisernen Hand, ein Schauspiel. S. 206. 8. kostet im gelehrten Zeitungscomptoir 36 kr.
Der Titel: *Schauspiel* schreckte uns Anfangs, weil er uns eine von den langweiligen Zwittergeburten zu versprechen schien. Gleich auf den ersten Seiten sahen wir, daß es darinnen ziemlich bunt hergehen werde, aber wir vergassen unsern Aristoteles und weideten uns treflich. Die Menge frostiger Trauerspiele, die wir nach dem gewöhnlichen Leisten haben, hat seit einiger Zeit den Gedanken erweckt, ob's nicht besser wäre den Leisten ganz wegzuwerfen. Aber wer wollte das Kind mit dem Bade ausschütten? Nur noch ein halb Dutzend *Emilia Galotti*, und der Leisten soll schon wieder zu Ehren kommen! Aber ebenso unrecht thaten die, welche den Poeten an das Brettergerüste binden, welche ihm untersagen wollten, in einem großen System von Gesprächen das geistige Auge zu weiden, ohne daran zu denken, ob es auch das körperliche werde genießen können. So lange die Schakespearianer ihre Gattung nur nicht ausschließungweise die einzige nennen, so laßt uns an ihnen den Grundsatz ausüben, den jeder wahre Kritiker hegt, jeden in seiner Art zu schätzen! Die Philosophie hat dem Trauerspiele schon die Verse abdisputirt, sie hat die epischen Helden herausdemonstrirt, wird sie es nun auch gar von der Bühne jagen? Nein! *Galotti* ist auch ein Schakespearisch Trauerspiel, im wesentlichen. Hier thut jemand noch Schakespearsform dazu. Form sey Form, und hätte der V. in chinesischer Form geschrieben, wir würden sein Genie schätzen müssen. Lieber noch zwanzigmal mehr Sonderbarkeiten, wie hier vorkommen, als das Alltagsgewäsche, das man in den deutschen Schauspielen verschlucken muß; als die Zusammenstoppelungen des Wiener Theaters u. s. w. Nennt diß Poem wie ihr wollt – von Götzens Belagerung an wird euch's warm ums Herz werden, ihr werdet im Thurme, unter den Bauern, und Ziegeunergeschmeiße für ihn zittern, ihr werdet die Sonne anweinen, die den Sterbenden erquickt, und ihm sein Freyheit, Freyheit! nachrufen. Götzens offnes Herz wird jeden für den *ehrlichen Verbrecher* einnehmen, wenn die Wellen der Trübsal über ihm zusammenschlagen. Sein junger Georg, ein Milchbruder des Knaben in der Hermannsschlacht, ver-

dient, mit ihm im Tode vereint, verdient eine Thräne. Auch fehlts hier nicht am Schauderhaften! Adelheid, die Verführerin, die Ehebrecherin, die Betrügerin, die Mörderin! wenn uns das heimliche Gericht nicht beruhigte, sie würde unser Innerstes empören. Wir hassen sie doppelt, sobald wir Weislingen reden hören, dem es nur an Entschließung fehlt gut zu seyn, und den sie zum heuchlerischen Bösewichte macht. Diese Charaktere sind dem V. so vortreflich gelungen, daß wir sie in Leßingischer Form noch weiter ausgeführt lesen möchten. Ihr Liebhaber der Liebesepisoden, sehet hier die Liebe zwischen Marien und Weislingen, voll wahren Ausdrucks. Für die Scene zwischen Marien und dem vergifteten Weislingen, gäben wir ein Dutzend französischer Trauerspiele. Unter den episodischen Scenen wähle sich jeder nach Belieben, es sind ihrer zur Wahl genug. Die Träger der Lorenzodosen werden sich den Bruder Martin, die Freunde der Kinderscenen den jungen Karl wählen: Wir begnügen uns mit dem Doktor Juris an der Bischoffstafel. Unsterblicher Dank sey dem V. für sein Studium der alten deutschen Sitten. Man hat sie bisher immer nur in Hermannswäldern gesucht, aber hier sind wir auf ächtem deutschen Grund und Boden. Schon durch die Neuheit, dieses Versuches, sollte das Stück sein Glück machen. Die Reichshistorie der mittlern Zeiten, ist freylich ein Ding, das wenige unserer Poeten zu kennen die Ehre haben. Aber hierher, wenn ihr Helden, Deutsche, nicht aus der Luft gegriffene, Helden haben wollt. – Dieser V. hat sie, wie von Todten, wieder auferweckt. Er wählte sich keinen Kaiser (Maximilian ist hier die unbeträchtlichste Nebenfigur) um nicht den gewöhnlichen Kothurn zu besteigen. – Auch die Sprache, ächtes Deutsch, kurz und nicht der Parenthyrsus des Ugolino, nicht die poetische Prose der Hermannsschlacht, natürlich und doch gedankenschwer. Nebst H. Engel kennen wir keinen angehenden Poeten, von dem der dramatische Dialog mehr hoffen könnte. Liebetrauts Bonmots und Franzens Schwermereyen kündigen an, was er auch in der Komödie leisten würde. (Nur in den ersten sechs Zeilen S. 57. haben wir gesuchte Wendungen gespürt.) Nicht Einfälle und Reden des Dichters, sondern Sprache der Natur findet man hier. Einige gehäufte Brachyologien, das Arschlecken u. d. können wir blos deswegen nicht leiden, weil sie zum Manierten gehören. Die Wegwerfung des Artikels ist oft affectirt. Die häufigen Apokopen sind wohl angebracht, weil die Scene in den Reichsländern liegt. Wir getrauten uns, mit geringer Mühe die Schauplatzveränderungen so zu reduciren, daß sich das Schauspiel aufführen ließe. – Dem sey aber wie ihm wolle: Nil Germanis arduum!«

(Braun I, S. 5–7)

Christian Heinrich Schmid (1746–1800) in »Der Teutsche Merkur«, 1773:

»Wir zeigen unsern Lesern jetzo ein Drama an, bei dem unsere kritischen Linnés staunen und ungewiß sein werden, in welche Klasse sie es setzen sollen: ein Stück, worin alle drei Einheiten auf das grausamste gemißhandelt werden, das weder Lust- noch Trauerspiel ist und doch das schönste, interessanteste Monstrum, gegen welches wir hundert von unsern komisch-weinerlichen Schauspielen austauschen möchten, deren Verf. dafür sorgen, daß der Puls ihrer Leser nicht aus seinem gewöhnlichen Gange gebracht und ihre Nerven von keinem fieberhaften Anfalle schauernder Empfindung ergriffen werden.

Wir wissen nicht, ob der Verfasser das Glück oder Unglück haben wird, mehr solche schwache Leser anzutreffen, als wir aufrichtig gestehen, daß wir gewesen sind. Wir hatten dies Schauspiel, wie der Verf. es nennt, schon mehrmalen gelesen und glaubten, daß wir durch diese so kurz hintereinander wiederholte Lektür unsere Empfindungen bis auf einen Grad von Mäßigkeit herabgestimmt hatten, der nötig ist, um allen den angenehmen sowohl als unangenehmen Eindrücken einer Lektür nachzuspüren und ruhig über unsere Vergnügungen raisonnieren zu können. Aber diese ersten Versuche waren noch immer vergeblich: ehe wir es uns versahen, waren wir wieder mitten im Taumel der Empfindung, und alle Regeln, selbst der Vorsatz zu kritisieren, verschwanden wie Schattenbilder vor dieser kräftigen Sprache des Herzens.

Wahrhaftig, denjenigen würden wir sehr bedauern, der Muße genug gehabt hätte, während der ersten Durchlesung dieses interessanten Stücks zu bemerken, daß der Verf. auf allen Seiten gegen die Vorschriften der Kritik gesündiget uns war dies das sicherste Kriterium des Genies, daß der unbekannte Verf. uns in einer so fortdauernden Täuschung und in einem so ununterbrochenen Genusse erhalten hatte

die uns nicht erlaubten, an Urteil und Vergleichung zu denken. Doch wir wollen diese allgemeinen Bemerkungen abbrechen, weil man sonsten glauben könnte, daß wir die Absicht hätten, der gegenwärtigen Schrift eine Lobrede zu halten. Aber bezeugen mußten wir das Vergnügen, was der Verf. uns verschafft hatte; dies waren wir nicht nur ihm, sondern uns selbst schuldig. Warum sollte ein Rezensent allein das traurige Vorrecht haben, weniger dankbar zu sein als andere Menschenkinder, oder warum sollten wir uns scheuen zu sagen, wo wir Vergnügung genossen haben, da wir frei genug sein werden, dem Verfasser erkennen zu geben, wo er unserer Meinung nach gefehlt hat?
Erstlich verdient der Verf. für die Wahl seines Sujets den lebhaftesten Dank aller teutschen Patrioten, die es lange gewünscht haben, nicht, daß man griechische Schauspiele nachahmen, sondern daß man wie die Griechen Gegenstände wählen und sie alsdann nach Art der Griechen bearbeiten möchte. [...]
Der Verfasser hat die Geschichte seines Drama aus dem Zeitpunkte hergenommen, wo Teutschland an tragischen Begebenheiten, heldenmütigen Unternehmungen, Originalcharakteren und echten Nationalgesinnungen, vielleicht zu seinem Unglück, sehr reich war. Der Held der Geschichte ist ein fränkischer Freiherr, der mit der edelsten, rechtschaffendsten Denkungsart, dem lebendigsten Patriotismus und der aufrichtigsten Ehrerbietung für das Oberhaupt seines zertrümmerten Vaterlandes den heftigsten Abscheu wider den Übermut und den Unterdrückungsgeist der kleinen fürstlichen Tyrannen vereinigte, die unter dem Vorwande, das Reich von den zerrüttenden Fehden zu reinigen, den Adel und die kleineren unabhängigen Reichsstände gerne herabgesetzt hätten, um sie alle desto bequemer unter den eisernen Zepter des Despotismus zu beugen.«

(Blumenthal, S. 11 f.)

Der Herausgeber Christoph Martin Wieland (1733 bis 1813) fügte dieser im Original sehr umfangreichen Rezension Schmids eine Fußnote an, in der er erklärte, ihm schiene »beinahe alles, was derselbe an Götzen von Berlichingen tadelt, ohne genugsamen Grund getadelt worden zu sein«. Deshalb ließ er im nächsten Jahr eine eigene Rezension des »Götz« folgen:

»Ich habe versprochen, das bekannte Schauspiel *Götz von Berlichingen mit der eisernen Hand* gegen einige Vorwürfe, die ihm von dem Rezensenten desselben – übrigens einem Mann von Geschmack und philosophischem Geiste und einem großen Bewunderer des *schönen Ungeheuers*, wie er es nennt – im III. Bande des Teutsch. Merkurs gemacht worden sind, zu rechtfertigen. [...]
Immerhin sei dies Schauspiel – das man nicht aufführen kann, bis uns irgend eine wohltätige Fee ein eigen Theater und eigene Schauspieler dazu herzaubert – immerhin sei es ein *schönes Ungeheuer*. Möchten wir viele solche Ungeheuer haben! Der Fortschritt zu wahren Meisterstücken würde dann sehr leicht sein. Wer hat es gelesen, ohne zu fühlen (wenn er auch nicht sagen konnte, *wie* und *warum*), daß ihn nicht leicht eine andere Lektüre (immer nehme ich *Emilia Galotti* aus) mit solcher Gewalt ergriffen, so stark interessiert, so mächtig erschüttert, so durchaus vom ersten Zug bis zum letzten in die Begeisterung des Dichters hineingezogen und ans ununterbrochene *Anschaun* der lebendigen Gemälde, die er ut Magus vor unsern Augen vorbeiführt, angeheftet habe? – Welche Wunder sollte der Genie, der dies getan hat, nicht auf unserer Schaubühne würken können, wenn es ihm einfiele, Schauspiele zu schreiben, die man aufführen könnte?
Es ist augenscheinlich, daß er in dem Augenblick, da er den Entschluß faßte, aus Götzens von ihm selbst beschriebener Geschichte ein Schauspiel zu machen, sich vorsetzte, alle Regeln des Aristoteles als Fesseln, mit denen sein noch ungebändigter Genie sich nicht schleppen wollte, von sich zu werfen. Es kann also nichts helfen, ihm die Übertretung dieser Regeln zum Vorwurf zu machen oder ihm zu zeigen, was für Nachteile aus dieser Empörung gegen jenen alten Gesetzgeber der Dichter entstehen mußten. Unfehlbar wußte der Verfasser dies alles so gut als wir; aber er *wollte nun* einmal allen dreien *Einheiten* auf den Kopf treten, und er glaubte, so viel dadurch zu gewinnen, oder gewann vielmehr würklich so viel dadurch, daß er sich das, was er dabei verlor, nichts anfechten ließ. Vermutlich wird die Zeit wohl kommen, da er durch tiefere Betrachtungen über die Natur der menschlichen Seele auf die Überzeugung geleitet werden wird, daß Aristoteles am Ende doch recht habe, daß seine Regeln sich vielmehr auf *Gesetze der Natur* als auf Willkür,

Konvenienz und Beispiele gründen, und mit einem Worte, daß sich ein sehr triftiger Grund angeben läßt, warum ein Schauspiel – kein *Guckkasten* sein soll.
Die beste Antwort auf alles, was man ihm wegen Nichtbeobachtung der *Einheiten* vorgeworfen hat, ist, daß er bloß ein Drama zum *Lesen* schreiben wollte. Ihn zu beschuldigen, daß er sich würklich eingebildet habe, sein Drama könnte und sollte auf unsern Schaubühnen aufgeführt werden, würde ebensoviel sein, als ihm, der so viel Genie zeigt, den allgemeinen Menschenverstand abzusprechen. [...]
Aber was der Dichter antworten wollte, wenn man ihn fragte: warum er sein Drama gerade in *fünf* Akte geteilt habe? – Wenigstens nicht dem Aristoteles zu Gefallen. Er hätte nach seiner Weise vier, sechs, sieben und, wenn es ihm beliebt hätte, siebenmal sieben Akte machen können. Die chinesischen Schauspieler führen Tragikomödien auf, die oft acht Tage währen, sagt man uns. Warum sollten wir an einem Drama, das nicht zum Aufführen bestimmt ist, nicht acht Tage lesen können? Wollte Gott, Götzens Verfasser gäb' uns ein ganzes Jahrhundert in einer tragikomischen Farce, die im Geiste seines *Götzens* geschrieben wäre: möchte sie doch dreihundertundfünfundsechzig Akte haben!
Die Rezension sagt: ›Der Leser findet höchst unwahrscheinlich, daß ein Mann wie *Weislingen*, der ihm nur als ein *Hofmann*, nicht als ein *durchaus verdorbener Bösewicht* gezeigt worden, daß ein solcher Mann so leicht Tugend, Rechtschaffenheit und sich selbst einer jählich entstehenden Leidenschaft aufopfert – gegen welche der Leser ihn durch die Freundschaft gegen Götzen und die Liebe gegen Maria genug gesichert glaubt.‹ Wenn der Leser dies glaubt, so hat er den Höfling Weislingen nicht recht ins Auge gefaßt oder kennt die Menschen nicht genug. Weislingens Charakter scheint mir eins von den großen Meisterstücken unsers Dichters zu sein. Gerade so, wie ich ihn gleich in den ersten Szenen, wo er auftritt, kennen lerne, ist er der Mann, dem ich alles zutraue, was er im ganzen Stück tut. Kein durchaus verdorbner Bösewicht, nichts weniger; nur ein weicher, wollüstiger, schwacher Mensch; eine Seele ohne Nerven; gut bei den Guten aus Neigung; verkehrt bei den Verkehrten aus Schwäche; gefühlvoll wie alle Wollüstlinge, aber unfähig, Widerstand zu tun, wenn ihn ein Fürst, der ihn anlächelt, oder eine schöne glattzüngige Schlange wie Adelheid zum

Bösen versucht. Das übrige, was ihn auszeichnet, ist bloß Verfeinerung dieser Naturanlage – Weltkenntnis, Hofsprache, Geschmeidigkeit; und alles zusammen macht eines von diesen gewöhnlichen Mitteldingen aus, die alles sind, wozu man sie macht: selten Böses tun, als andern zu gefallen; gerne edel und bieder wären, wenn die Tugend nur keine Opfer verlangte; in einem Anstoß von Weichherzigkeit die besten Vorsätze fassen und etliche Wochen später in der Trunkenheit einer betörenden Leidenschaft sich zu Werkzeugen der ärgsten Bubenstücke machen lassen. – Dies ist *Weislingen*; und o, wie wimmelt's in der Welt von solchen *Zwittern*! Daß ein solcher Mann auf Götzens Schlosse, in Götzens, Elisabeths und Mariens Gesellschaft die besten Hoffnungen von sich gibt, zumal da sich die Tugend dem weichlichen Menschen in Gestalt der jungen vollblühenden Marie zeigt, wundert mich ebensowenig, als daß er zu Bamberg bei lockenden Zureden eines Fürsten, dessen Günstling er war, sich seine gute Vorsätze wieder gereuen läßt, den verführerischen Reizen einer Adelheid unterliegt und der Hoffnung ihres Besitzes alles aufopfert. – Ich mag alle diese Szenen so oft wiederlesen als ich will, mir fällt nicht ein zu wünschen, daß der Dichter uns ›rührende Auftritte vom innerlichen Kampfe der Liebe zu Adelheid mit Tugend und Ehre‹ in dem schalen Herzen dieses Höflings hätte geben sollen. Dann hätte Weislingen ein andrer Mann sein müssen! Bei diesem verlohnte sich's der Mühe nicht. Solche Kämpfe sind nur interessant, wenn sie in der Seele eines Mannes vorgehen, der würklich ein Mann von Ehre und dessen Seele bisher unbefleckt gewesen ist.

Die *Rezension* scheint in dem Vorwurfe, den sie unserm shakespearisierenden Dichter macht, daß er viele höchst interessante Situationen, sonderlich in den letztern Akten nicht benützt, hingegen in den ersten sehr entbehrliche, wiewohl *an sich* sehr interessante Szenen gebracht habe, – aus der Acht zu lassen, daß unser Dichter kein regelmäßiges Drama schreiben wollte, und daß er allem Ansehen nach zu seinem Schauspiel ebensowenig einen nach *Diderots* Vorschrift verfaßten Plan gemacht hat als Ariost zu seinem Orlando einen Plan nach dem Muster Homers und den Regeln des Aristoteles. Bei seiner Weise gewann er, was er auf einer Seite verlor, auf der andern wieder und hatte noch das Verdienst, neu und sonderbar zu sein, obendrein. Ein jeder urteilt in

Sachen des Geschmacks nach dem seinigen. Die Rezension hat vielleicht recht; aber ich meines Orts gäbe weder den ehrlichen *Bruder Martin* – zumal da wir durch ihn Götzen gleich anfangs von seiner schönsten Seite kennen lernen und diese Szene die in den beiden ersten angefangne *Exposition* auf eine von dem gemeinen Zuschnitt der Expositionen so meisterlich abgehende Weise fortsetzt – noch die Szene zwischen Maria, Karl und Elisabeth, durch die wir die beiden Damen auf einmal so gut kennen lernen, als ob wir sie gemacht hätten – ich gäbe, sage ich, keine von diesen Szenen um die beste von denen, welche der Poet hätte machen können und sollen, wenn er gewollt, d. i. wenn er nach einem künstlich angelegten theatralischen Plane gearbeitet hätte.
Die *Rezension* meint: die Charaktere der Frauenzimmer wären dem Dichter weniger geglückt als die männlichen; und auch hierin, glaube ich, hat sie unrecht. Nichts von dem Worte *geglückt* zu sagen, welches nirgend weniger als auf ein Stück paßt, wo *Laune und Genie* alles und das *Glück* gewiß nichts getan haben – so deucht mich, der größte Meister in weiblichen Charaktergemälden, Shakespeare selbst, sei nirgend größer in dieser Art von Malerei als unser Dichter in seinen Gemälden von Maria, Elisabeth und Adelheid. Der Verf. der Rezens. sagt das Gegenteil in den stärksten Ausdrücken. ›Elisabeth, Götzens Gemahlin, zeigt sich *niemals* als eine *würdige Gemahlin* dieses unglücklichen Helden. Der *männliche Mut*, den der Verf. zum Hauptzug ihres Charakters gemacht hat, ist in beleidigende, fast möchten wir sagen, *dumme Unempfindlichkeit* ausgeartet usw.‹ Es ist wahr, Elisabeth ist keine Schwätzerin, erscheint durchaus als eine ehrliche, wenig verfeinerte Hausfrau aus einer Zeit, wo die Frau eines Landedelmanns gleich dem *guten Weibe Salomons* vor Tag aufstund, ihr Haus besorgte, ihre Küche selbst bestellte usw. Aber so wie sie ist, welcher Mann sollte sich keine Frau wie Elisabeth wünschen? Mir hat in dem ganzen Stücke nur eine Stelle das Herz umgekehrt und Tränen der tiefsten Empfindung aus den Augen gepreßt – und diese ist in der Szene zu Jaxthausen, wo Götz, da es nun mit ihm aufs äußerste gekommen ist, seine Schwester und seinen Freund Sickingen nötigt, sich zu entfernen. Die ganze Szene ist ein Meisterstück von erhabner Einfalt, wahre, ungekünstelte, im höchsten Grade rührende Natur! – *Maria* und *Sickingen* haben sich nun endlich aus Götzens und Elisabeths

Armen gerissen. ›Ich trieb sie‹, sagt *Götz*, ›und da sie geht, möcht ich sie halten. Elisabeth, du bleibst bei mir.‹ *›Bis in den Tod!‹* antwortet Elisabeth. – Dies einzige Wort in der Situation, in dem Augenblicke, wo es gesagt wird, ist unendlichmal mehr als alle die schönen Tiraden, die der beste französische Poet sie hätte herdeklamieren lassen. Es stellt ein Weib vor meine Seele, die des größten Helden würdig ist; ein Weib, die durch dies einzige *bis in den Tod* so schön und groß als alle Alcesten, Pantheen, Porzien und Arrien der Fabel und der Geschichte in meinen Augen wird. Auch fühlt' es Götz, was ein solches Weib wert ist. ›Wen Gott lieb hat‹, sagt er, ›dem geb' er so eine Frau!‹ – Und Elisabeth sollte sich *niemals* als eine würdige Gemahlin unsers Helden zeigen? – Wahrlich, die *Aristarche* schlummern zuweilen auch so gut als die Homere!

Was unser Aristarch an *Marien* aussetzt, sagt weder mehr noch weniger, als – daß der Dichter keine phantasierte Helden, sondern ein sanftes weibliches Geschöpf schildern wollte, nicht nach einem Modell aus der Welt der Ideen, sondern nach der *Natur*, mit allen den liebenswürdigen Schwachheiten, wodurch sie dieses Geschlecht für das unsrige so interessant gemacht hat, und mit allen Nuancen der Sitten und der Religion des rauhen Zeitalters, woraus er sein Sujet genommen hat.

Doch genug zur Apologie eines Werkes, das so stark für sich selbst spricht. Der Rezensent hat ihm übrigens soviel Gerechtigkeit widerfahren lassen und die Manchfaltigkeiten und Vortrefflichkeiten desselben so scharfsinnig bemerkt und bezeichnet, daß es unbillig wäre, ihm den wenigen ziemlich bescheidenen Tadel übel aufzunehmen. [...]

Die Shakespearische Manier, in welcher der Dichter gearbeitet hat, bracht' es mit sich, auch Personen von den niedrigsten Klassen aufzuführen, und diese mußten nun wohl freilich ihre eigene Sprache reden. ›*Tausend schwere Not, schert euch 'naus – Peter, das ist ein gefunden Fressen*‹, und dergleichen elegantiae der teutschen Sprache haben also im Munde der Personen, welche der Dichter so sprechen läßt, nichts sehr Anstößiges. Die *Scheißkerle* im Munde des Hrn. *Hauptmanns* der Reichs-Exekutions-Truppen möchten weniger zu rechtfertigen sein; aber noch weniger konnten die ausgearteten Teutschen des achtzehnten Jahrhunderts das Große und Heroische in dem Ausdruck Götzens fühlen: ›Sag deinem

Hauptmann: vor Ihro Kaiserl. Majestät hab ich wie immer schuldigen Respekt. *Er aber*, sag's ihm, *er kann mich im Arsch lecken*‹. Auch hat der Autor selbst, oder der Korrektor wenigstens, in einer neuern Ausgabe für gut befunden, die Stärke dieses altteutschen Kompliments in etwas zu mildern, und sich begnügt nach den Worten ›*er kann mich*‹ – das was der Hauptmann tun könnte, durch einen *Gedankenstrich* der Scharfsinnigkeit des Lesers anheimzustellen.

Ich spreche nicht gerne von den Fehlern eines vortrefflichen Werkes, zumal wo die Absicht *zu bessern* nicht stattfinden kann; aber da doch so manches ohne hinlänglichen Grund an Herrn Goethens *Götz* getadelt worden, so wäre es ein wenig verwunderlich, wenn man von dem, was vielleicht der größte und augenscheinlichste Fehler in seinem Stücke ist, gar nichts sagte – ich meine von der ziemlich häufigen Vermengung der *Sprache* aus den Zeiten *Maximilians I.* mit der von *Joseph II.*, welche desto auffallender ist, da der Verfasser affektiert hat, *Götzen* selbst meistens ebenso reden zu lassen, wie er in seiner von ihm selbst verfaßten Lebensgeschichte spricht. Ich verstehe unter Sprache hier nicht bloß Deklination, Wortfügung und Redensarten, sondern auch Ausdrücke und *Wendungen*, welche eine gewisse *Verfeinerung* voraussetzen, wovon man zu Götzens Zeiten in Teutschland noch gar keinen Begriff hatte, von dieser Art ist, z. E. ›Meine Rechte, obgleich im Kriege unbrauchbar, ist gegen *den Druck der Liebe* nicht unempfindlich‹ [...].«

(Der Teutsche Merkur, Juni 1774. Zitiert nach Blumenthal, S. 22–29)

»Magazin der deutschen Kritik«, 1774:

»Ein Schauspiel, in welchem *zwey und sechzig* Personen auftreten, ohne die stummen Schaaren zu rechnen, in welchem fast eben so viele Auftritte sind, wo die Scene alle Augenblicke viele Meilen weit verlegt wird, in welchem fast alle Stände des menschlichen Lebens vom Kayser bis auf den Bauer, und noch tiefer, den Zigeuner, hinab erscheinen, in welchem der Pallast mit dem Walde, das Schlafzimmer mit dem Lager eines Kriegsheers, in welchem die Buhlerin mit der treuzärtlichen Ehefrau, ein klein Kind mit dem wilden Ritter, und aller möglicher Contrast mit einander abwechselt; ein solches Schauspiel macht eine ganz neue Gattung des Drama aus. Es ist wahr, Schakespears König Lear, Othello, und die so genannten historischen Dramata dieses unsterblichen Geistes, scheinen schon eben diese Gattung darzustellen; allein wenn man genau eine Vergleichung anstellt, findet man selbst im Schakespear nicht die Menge von contrastirenden Auftritten, und so vielerley zusammen gebracht, als in dem so genannten Schauspiele: Göz von Berlichingen.

Ohnstreitig wird ein jeder unsrer Leser schon dieses Gedicht gelesen, und übereinstimmend mit dem Beyfalle des grösten Theils des Publikums dasselbe schön, vortreflich, voller Züge eines guten Kopfes, gefunden haben. Dieses vorausgesetzt, wollen wir unser Urtheil freymüthig und unpartheyisch sagen, ohne, wie wir hoffen, diejenigen zu beleidigen, welche ganz von Gözen eingenommen sind.

Warum wollte denn ein Mann, der unsre Bühne mit einem originellen Produkte bereichern konnte, der von der Thalia mit so vielen Gaben ausgerüstet war, warum wollte dieser so vorsetzlich dasjenige nicht, was er konnte, und lieferte uns nicht das *beßre* an statt des guten? Ich sage das *beßre*; denn eine von der Natur des Dramas, nach seinem, von seinem Ursprunge her, über dreytausend Jahr behaupteten Wesen, abweichendes Gedicht, es sey auch so schön es wolle, man nenne es auch wie man wolle, ist doch immer etwas schlechteres, als eine dieses Namens würdige, und mit Genie, ausgearbeitete Tragödie. Aber der Verfasser nahm es sich vor, mit Absicht kein Drama zu verfertigen; wer konnte ihm dieß wehren? Aber auch *Schauspiel* konnte er sein Gedicht nicht alsdenn *eigentlich* nennen, wenn man das Wort, Schauspiel, in dem gewöhnlichen bisher üblichen Sinne versteht.

Doch wozu über Namen zürnen? Betrachten wir Göz von Berlichingen als ein seynsollendes Drama, so ist der kritischen Ahndungen kein Ende. So wollen wir es aber auch nicht betrachten: es sey ein *dramatisches Gedicht*; und alsdenn ist es voller Züge eines guten Kopfes, und bey einigen Flecken, dennoch schön. [...]

Die Handlung in unserm teutschen Stücke hängt freylich allerdings zusammen; aber die Scenen sind doch fast alle detachirt. So viel, wie unser Verfasser, erlaubte sich selbst Schakespear, darinnen nicht. Und es konnte dem Dichter doch mehr Ehre bringen, wenn er seinem Stücke eine Voll-

kommenheit mehr gab. Immerhin sage man nach der Theorie der Blätter, *von teutscher Art und Kunst genannt*, das Unregelmäßige zeige Genie, und die Vernachläßigung der Gesetze sey der Stempel des originellen Geistes; man wird das Wesen der Dichtkunst nicht verändern; und wenn nicht der gröste Theil des Publikums die Verletzung der Regeln, die die Natur gab, für groß und erhaben hält – immerhin! die Nachwelt sey Richter, zwischen mir und dir! [...]
Unter dem Wirrwarr von ganz verschiednen so mannigfaltigen Scenen, ist doch keine einzige schlecht, und viele sind Musters, von denen man künftig sagen wird: *Dichtet, Dramatiker, wie Göthe!* Die Kinderscene mit Carln, streitet mit der berühmten Leßingischen in der Sara Sampson um den Preiß, und ich gebe ihn Carln, wenn man meine Stimme fodert. [...]
Der Dialog des ganzen Schauspiels durch alle Auftritte ist unvergleichlich; er ist lebhaft, unterhaltend, und so der Natur gemäß, so original, daß wir hierinnen keinen Dichter kennen, den man dem Verfasser vorziehen, und nicht wohl einige mit ihm vergleichen wollten. Dennoch sind einige Ausdrücke zu pöbelhaft niedrig. Es ist eine alte Regel, die Herr Leßing in der Dramaturgie mit Recht einschärft, daß man die Sprache auf der Bühne auch in der genauesten Nachahmung der Natur etwas erheben müsse. Würde der *Hauptmann* S. 97. durch diese Rede auf der Bühne nicht die Ohren des Parterre beleidigen?
›Ich möcht euch alle mit eigener Hand umbringen, ihr tausend Sakerment! Was fortzulaufen! Er hatte keine handvoll Leute mehr! Fortzulaufen *wie die Scheiskerle*! Vor einen Mann!‹ [...]
Übrigens wird wohl niemand dem Verfasser daraus einen Vorwurf machen, daß er *seinen* Berlichingen so sehr von dem *in der Historie bekannten* Berlichingen, der keine solche tragische Schicksale hatte, abweichend vorgestellt hat. Der Dichter schreibt keine Geschichte, und kann denjenigen unglücklich machen, der, da er lebte, es nicht war.
Noch können wir endlich, als *Deutsche*, dem Dichter dasjenige Lob nicht versagen, was ihm wegen der Wahl eines Nationalsüjets, wegen der Behandlung der vaterländischen Sitten und Begebenheiten, gebührt; eine Ehre, die durch ihre Seltenheit desto grösser wird.«

(Braun I, S. 412–417)

Jakob Michael Reinhold Lenz (1751–92) schrieb etwa 1774 »Über Götz von Berlichingen«:

»Laßt uns aber einen andern Weg einschlagen, meine Brüder, Schauspiele zu beurteilen, laßt uns einmal auf ihre Folgen sehen, auf die Wirkung, die sie im ganzen machen. Das, denk' ich, ist doch gewiß wohl der sicherste Weg. Wenn Ihr einen Stein ins Wasser werft, so beurteilt ihr die Größe, Masse und Gewicht des Steins nach den Zirkeln, die er im Wasser beschreibt. Also sei unsere Frage bei jedem neuen herauskommenden Stück das große, das göttliche Cui bono? Cui bono schuf Gott das Licht – daß es leuchte und wärme: cui bono die Planeten – daß sie uns Zeiten und Jahre einrichteten; und so geht es unaufhörlich in der Natur, nichts ohne Zweck, alles seinen großen, vielfachen, nie von menschlichem Visierstab, nie von englischem Visierstab ganz auszumessenden Zweck. Und wo fände der Genius ein anderes, höheres, tieferes, größeres, schöneres Modell als Gott und seine Natur?

Also cui bono? Was für Wirkung? Die Produkte all der tausend französischen Genies auf unsern Geist, auf unser Herz, auf unsre ganze Existenz? Behüte mich der Himmel, ungerecht zu sein. Wir nehmen ein schönes, wonnevolles, süßes Gefühl mit nach Hause, so gut als ob wir eine Bouteille Champagner ausgeleert – aber das ist auch alles. Eine Nacht darauf geschlafen und alles ist wieder vertilgt. Wo ist der *lebendige* Eindruck, der sich in Gesinnungen, Taten und *Handlungen* hernach einmischt, der prometheische Funken, der sich so unvermerkt in unsere innerste Seele hineingestohlen, daß er, wenn wir ihn nicht durch gänzliches Stilliegen in sich selbst wieder verglimmen lassen, unser ganzes Leben beseligt: das also sei unsre Gerichtswage, nach der wir auch mit verbundenen Augen den wahren Wert eines Stücks bestimmen. Welches wiegt schwerer, welches hat mehr Gewicht, Macht und Eindruck auf unsre Meinungen und Handlungen? Und nun entscheiden Sie über Götz! Und ich möchte dem ganzen deutschen Publikum, wenn ich so starke Stimme hätte, zurufen: Samt und sonders ahmt Götzen erst nach, lernt erst wieder denken, empfinden, handeln, und wenn ihr euch wohl dabei befindet, dann entscheidt über Götz!

Also, meine werten Brüder, nun ermahne und bitte ich euch, laßt uns dies Buch nicht gleich nach der ersten Lesung ungebraucht aus der Hand legen, laßt uns den Charakter dieses antiken deutschen Mannes erst mit erhitzter Seele erwägen, und wenn wir ihn gut finden, uns eigen machen, damit wir wieder Deutsche werden, von denen wir so weit, weit ausgeartet sind. Hier will ich Euch einige Züge davon hinwerfen. Ein Mann, der weder auf Ruhm noch Namen Anspruch macht, der nichts sein will, als was er ist: ein Mann. – Der ein Weib hat, seiner wert, nicht durch Schmeichelei sich erbettelt, sondern durch Wert sich verdient – eine Familie, einen Zirkel von Freunden, die er alle weit stärker liebt, als daß er's ihnen sagen könnte, für die er aber *tut* – alles dransetzt, ihnen Friede, Sicherheit für fremde, ungerechte Eingriffe, Freude und Genuß zu verschaffen – sehen Sie, da ist der ganze Mann, immerweg geschäftig, tätig, wärmend und wohltuend wie die Sonne, aber auch ebenso verzehrendes Feuer, wenn man ihm zu nahe kommt – und am Ende seines Lebens geht er unter wie die Sonne, vergnügt, bessere Gegenden zu schauen, wo mehr Freiheit ist, als er hier sich und den Seinigen verschaffen konnte, und läßt noch Licht und Glanz hinter sich. Wer so gelebt hat, der hat seine Bestimmung erfüllt; Gott, *Du* weißt es, wie weit, wie *sehr*, er weiß nur soviel davon, als genug ist, ihn glücklich zu machen. Denn was in der Welt kann wohl über das Bewußtsein gehen, viel Freud' angerichtet zu haben? [...]«

(Blumenthal, S. 38 ff.)

Christian Friedrich Daniel Schubart (1739–91) zeigt in seiner »Deutschen Chronik« 1774 eine durch den »Götz« hervorgerufene Neuausgabe von Götz' Autobiographie an:

»Die Felßeckerische Buchhandlung hat das Publikum mit einer neuen Auflage der ›Lebensbeschreibung des Götz von Berlichingen‹ beschenkt, aus dem der Riesenarm des vortrefflichen Goethe sein *einziges* Schauspiel hob. Da hör ich den trauten alten deutschen Ritter in seiner Kraftsprache sprechen, herzlicher und behaglicher, als wenn unsere meisten jungen Herrlein, mit dem Pariserdegelein an der Seite, in halbfranzösischer Sprache von ihren Kriegstaten am Putztische, in Kaffeehäusern und vornehmen Versammlungen prahlen. Was würde der alte Götz sagen, wenn er ausm Grabe erwachte, mit Schild, Schwert und Koller angetan, mitm eisernen Helm aufm Haupt und dem wehenden Federbusche; wenn er dann unsre von französischen Brühen aufgefütterte Ritterlein, die wie Balsambüchslein riechen, vor sich säh, würd er nicht die eiserne Hand gen Himmel heben und schwören: ihr seid nicht meines Stamms! Sein Bub würde heraufkommen und die Weichlinge ausm Totengewölbe peitschen, wo die Geister der alten deutschen Helden schweben. Wohl hat der Herausgeber getan, daß er die größtenteils kindischen Anmerkungen der vorigen Ausgabe wegließ und statt deren kurze und erläuternde Anmerkungen, vorzüglich über die Bedeutung einiger veralterten deutschen Wörter, beifügte.«

(Werke. Berlin u. Weimar [3]1965. S. 38)

Sehr abschätzig äußern sich die »Bisarrerien«, Leipzig 1775:

»Der Verfasser des Götz von Berlichingen ist vermuthlich durch die Begierde ein Nationalwerk zu machen, heftig befallen worden. Unsere Kunstrichter haben es gröstentheils dafür angenommen: und doch, welches sonderbar ist, diesem Produkt nicht einmal einen Namen geben können. Der Verfasser selbst nennt es ein Schauspiel, ohnstreitig aus keinem andern Grunde, als weil es in Auftritte abgetheilt, und dialogisirt ist. Wenn aber das keine Predigt ist, die nicht gehalten werden kann, so kann auch gewiß das kein Schauspiel heißen, dessen Aufführung, die Stadt Berlin mag es mir verzeihen, unmöglich ist; wenigstens so lange, bis man die Eigenschaften eines guten Schauspiels gänzlich vergessen hat. Ich verkenne nicht die einzelnen Schönheiten. Wenn aber gleich ein Werk von einer schönen Anlage und Ausführung, durch einzelne kleine Fehler, nicht aufhört ein schönes Ganzes zu seyn: so können doch nicht umgekehrt, einzelne Schönheiten, sogleich ein schönes Ganze machen, wenn sie nicht in einen richtig angegebenen Punct zusammenfließen. Es ist abermals ein Beweis von unserm unaufhaltbaren Hange zur Nachahmung. Man hat uns einige Zeit daher soviel von Shakespearn vorgepredigt, daß es kein Wunder ist, wenn einmal ein Genie zu Shakespearisiren versucht hat. Da es aber den Kunstrichtern gewiß niemals eingefallen, die Shakespearische Tracht, sondern nur die gute Gestalt des Cörpers zu loben, so hätte man dieses bedenken, oder wenigstens vorher ehrliche Leute um Rath fragen sollen.«

(Zitiert nach: Jahrbuch der Sammlung Kippenberg 5 [1925] S. 292 f.).

Noch vehementer urteilte Friedrich II. von Preußen (1712–86) in seiner Schrift »De la litterature allemande« von 1780:

»Um sich zu überzeugen, wie wenig Geschmack noch bis itzt in Deutschland herrsche, dürfen Sie nur unsre öffentlichen Schauspiele besuchen. Sie finden daselbst die abscheulichen Stücke von Shakespear aufgeführt, die man in unsre Sprache übersetzt hat. Die ganze Versammlung findet ein ausnehmendes Vergnügen daran, diese lächerlichen Farcen anzusehn, die nur würdig wären, vor den Wilden von Canada gespielt zu werden. Ich beurtheile diese Stücke so hart, weil sie wider alle Regeln des Schauspiels sündigen. Diese Regeln sind nicht willkührlich. Sie finden dieselben in der Poetik des Aristoteles, wo die *drey Einheiten der Zeit, des Orts* und *der Handlung*, als die einzigen und wahren Mittel vorgeschrieben sind, die Tragödien interessant zu machen. In den Stücken jenes englischen Schriftstellers aber geht die Handlung ganze Jahre fort. Wo bleibt hier die Wahrscheinlichkeit? Bald erscheinen in denselben Lastträger oder Todtengräber und reden, wie es sich für sie schickt. Dann kommen Königinnen und Prinzen. Wie ist es möglich, daß ein so wunderliches Gemisch von Großem und Niedrigem, vom Tragischen und Harlequinspossen gefallen und rühren könne? Dem *Shakespear* kann man indeß seine sonderbare Ausschweifungen wohl verzeihen; denn er lebte zu einer Zeit, da die Wissenschaften in England erst geboren wurden, und man also noch keine Reife von denselben erwarten konnte. Aber erst vor einigen Jahren ist ein *Götz von Berlichingen* auf unserm Theater erschienen, eine abscheuliche Nachahmung jener schlechten englischen Stücke: und doch bewilligt unser Publikum diesem eckelhaften Gewäsche seinen lauten Beyfall, und verlangt mit Eifer ihre öftere Widerholung. Ich weiß, daß man über den Geschmack nicht streiten darf; indeß werden Sie mir doch erlauben zu sagen, daß diejenigen, welche gleiches Vergnügen daran finden, Seiltänzer und Marionetten oder die Tragödien des Racine zu sehn, nur ihre Zeit zu verbringen suchen. Sie wollen lieber, daß man zu ihren Augen als zu ihrem Verstande rede, und sie ziehen ein bloßes Schauspiel dem vor, was das Herz rührt.«

(Zitiert nach: De la litterature allemande. Hrsg. von Ludwig Geiger. Berlin [2]1902. S. 65 f.)

Goethes Mutter kommentierte des Königs Schrift in einem Brief an den Schauspieler G. F. W. Großmann vom 4. Februar 1781:

»Von dem schönen Geleße des Königlichen Verfaßers habe mir gar viel erzählen laßen – Aber sonderbahr ists doch, daß so gar unsere Philister sagen – Ihro Könignichkeiten hätten Sich damit, doch etwas prostituirt. Ich laße neulich eine Anneckdotte von der großen Königin der Britten Elisabeth, die die Aufschrift hatte – Die größte Königin ist doch nur ein Weib – Hier mögte ich sagen, der größte König ist doch nur – ein Mensch! Meinem Sohn ist es nicht im Traum eingefallen seinen Götz vor die Bühne zu schreiben – Er fand etliche spuren dieses vortrefflichen Mannes in einem Juristichen Buch[1] – ließ sich Götzens Lebens beschreibung von Nürmberg kommen, glaubte daß es anschaulicher wäre in der Gestalt wies vor Augen liegt, webte einige Episoden hinein, und ließ es aus gehn in alle Welt.«

(Briefe aus dem Elternhaus. 1. Ergänzungsbd. der Goethe-Gedenkausg. Zürich u. Stuttgart 1960. S. 488 f. [Artemis-Ausgabe])

Unter den Kritiken am »Geleße des Königlichen Verfaßers«, die meist wie die von Frau Rat Goethe privat geäußert wurden, ragt Justus Mösers Gegenschrift »Über die deutsche Sprache und Litteratur« von 1781 hervor, die sich ausführlich mit allen Ansichten Friedrichs auseinandersetzt. In bezug auf den »Götz« schreibt er:

»Jedoch dieses bey Seite, und immer vorausgesetzt, daß unser Klima so gut als andre, seine eignen Früchte habe, die zu unsern Bedürfnissen wie zu unserm Vergnügen vorzüglich bestimmet sind: so deucht mich, daß wir allemahl am sichersten handeln, solche so gut als möglich zu erzielen, und wenn wir diesen Zweck erhalten: so müssen sie auch in ihrer Art schön und groß werden; denn alles in der Welt ist doch nur relativ schön und groß, und die Eichel geht in ihrem Rechte

1. Das »Juristiche Buch« war die dritte Auflage von Pütters »Grundriß der Staatsveränderungen des teutschen Reichs«, wo die entsprechende Stelle lautet: »Darneben kann auch zur besonderen Probe hier dienen die Lebensbeschreibung Herrn Götzens von Berlichingen mit der eisernen Hand, eines zu Zeiten Kaiser *Maximiliani* I. und *Caroli* V. berühmten und tapferen Reichskavaliers« (s. Leitzmann, Einleitung zum Neudruck von Götz' Lebensbeschreibung, S. IL f.).

vor der Olive. Das von dem Könige so sehr heruntergesetzte Stück: *Götz von Berlichingen*, ist immer ein edles und schönes Produkt unsers Bodens, es hat recht vielen geschmeckt, und ich sehe nicht ab, warum wir dergleichen nicht ferner ziehen sollen; die höchste Vollkommenheit wird vielleicht durch längere Kultur kommen. Alles was der König daran auszusetzen hat, besteht darinn, daß es eine Frucht sey, die ihm den Gaumen zusammen gezogen habe, und welche er auf seiner Tafel nicht verlange. Aber das entscheidet ihren Werth noch nicht. Der Zungen, welche an Ananas gewöhnt sind, wird hoffentlich in unserm Vaterlande eine geringe Zahl seyn, und wenn von einem Volksstücke die Rede ist: so muß man den Geschmack der Hofleute bey Seite setzen. [...]

Göthens Absicht in seinem Götz von Berlichingen war gewiß uns eine Sammlung von Gemählden aus dem National-Leben unsrer Vorfahren zu geben, und uns zu zeigen was wir hätten und was wir könnten, wenn wir einmahl der artigen Cammerjungfern und der witzigen Bedienten auf der französisch-deutschen Bühne müde wären, und wie billig Veränderung suchten. Leicht hätte er dieser seiner Sammlung mit Hülfe einer nun fast zum Eckel gebrauchten Liebesgeschichte das Verdienst der drey Einheiten geben, und sie in eine Handlung flechten können, die sich angefangen, verwickelt und aufgelöset hätte, wenn er aus dem einen Stücke drey gemacht und diejenigen Gemählde zusammen geordnet hätte, welche sich zu jeder Handlung schickten und sich mit Zeit und Ort vertrugen. Allein er wollte jetzt einzelne Parthien mahlen, und diese stehen zusammen wie die Gemählde vieler großen Landschaftsmahler, ohne daß die Gallerie, worinn sie sich befinden, gerade eine Epopee ist.

Daneben sollten diese Parthien wahre einheimische Volksstücke seyn, er wählte dazu ritterliche, ländliche und bürgerliche Handlungen einer Zeit, worinn die Nation noch Original war, und der alte Ritter den jungen, wie der alte Canzler den jungen Canzler ohne fremde gelehrte Hülfe erzogen hatte. Und da ihm gewiß niemand vorwerfen kann, daß er unrichtig gezeichnet, das Colorit vernachläßiget, oder wider das Costume gefehlet habe: so behandelt man ihn wider seine Absicht, wenn man ihn darum verdammt, daß er nicht blos für den Hof gearbeitet, und keine Epopee, oder kein regulaires Ganze geliefert hat. [...]

Keine Sprache hat sich vielleicht so sehr zu ihrem Vortheile verändert als die unsrige; nichts war armseliger als unsre komische Sprache, ausser dem Hanswurst war keiner auf der Bühne, der einen komischen Ton hatte, und das Volk liebte diesen, weil es von ihm wahre Volkssprache hörte; alle andre redeten in der Buchsprache, der unbequemsten zum Sprechen unter allen, oder ihre Rolle gestattete ihnen nicht, sich der Volkssprache zu bedienen. *Leßing* war der erste, der Provinzialwendungen und Wörter, wo es die Bedürfnisse erforderten, auf die glücklichste Art nationalisirte; ihm sind die *Wiener* gefolgt, und seitdem uns *Göthe* in der Sprache auf dasjenige, was *Cicero** Romanos veteres ac urbanos sales und veteris leporis vestigia nennet, zurückgeführet hat, damit wir nicht zuletzt lauter Buchsprache reden mögten, hat jedermann unsern ehmaligen Mangel empfunden; und ihm jetzt mit hellem Haufen zu begegnen gesucht, so daß wir nunmehro wohl hoffen dürfen, bald eine Sprache zu haben, worinn alle Muthwilligkeiten und Aeffereyen, deren sich der Mensch zum Ausdruck seiner Empfindungen und Leidenschaften bedient, dargestellet werden können.«

* Ep. fam. L. IX. Ep. 15.

(Nachdruck. Hrsg. von Carl Schüddekopf. Berlin 1902)

Während Goethes »Werther« auch im Ausland ein unmittelbarer und langanhaltender Erfolg beschert war, wirkte sein »Götz« zunächst nur innerhalb Deutschlands. Ebendieselben Gründe, denen er hier seinen großen Erfolg verdankte, wirkten einer Rezeption im Ausland entgegen: die Hinwendung zur deutschen Vergangenheit, die Abkehr von der strengen Form, der bewußt ›deutsche‹, d. h. unmoderne und unfranzösische Ton des Werkes. Friedrichs II. Kritik macht anschaulich, wie unvereinbar die Form des »Götz« mit den Ansprüchen eines französisch geschulten Geschmacks war. So dauerte es bis zum Beginn des 19. Jahrhunderts, bis dem Werk Resonanz und Einfluß auch in Frankreich zuteil wurde. Wie bei vielen andern Dichtern und Dichtungen wirkte auch hier das 1813 erschienene Werk »De l'Allemagne« von Mme. de Staël (1766–1817) vermittelnd. Sie erklärt im Kapitel XXI, das »Götz« und »Egmont« gewidmet ist, die Form des Dramas aus der literarischen und politischen Situation in Deutschland zur Zeit seiner Entstehung, während sie gleichzeitig die historischen Voraussetzungen des Inhalts ihren Lesern nahebringt:

»Da es in Deutschland keine Hauptstadt giebt, in der sich alles beisammen findet, was zu einem guten Theater gehört, so werden die dramatischen Werke weit mehr gelesen als gespielt, und in Folge dessen berechnen die Autoren ihre Erzeugnisse für die Lectüre und nicht für die Bühne.

Goethe bahnt beinahe immer neue Wege in der Literatur. Wenn ihm der deutsche Geschmack irgend einem Extreme zuzuneigen scheint, sucht er ihm unverzüglich eine entgegengesetzte Richtung zu geben. Man möchte sagen, er walte über den Geist seiner Zeitgenossen wie über sein angestammtes Reich und seine Werke seien Decrete, die abwechselnd die Mißbräuche, welche sich in die Literatur einschleichen, autorisiren oder verbannen.

Goethe war der Nachahmung französischer Stücke in Deutschland überdrüssig und das mit Recht, denn selbst ein Franzose würde ihrer müde geworden sein. Aus diesem Anlaß verfaßte er den ›Götz von Berlichingen‹, ein historisches Drama in Shakespeares Manier. Das Stück war nicht für die Bühne bestimmt, konnte aber doch wie alle Shakespeare'schen aufgeführt werden. Goethe wählte dieselbe geschichtliche Epoche wie Schiller in seinen ›Räubern‹, anstatt aber einen Menschen zu zeichnen, der sich von allen Banden der Moral und der Gesellschaft freimacht, hat er einen alten Ritter aus der Zeit Kaiser Maximilians geschildert, der noch für das Ritterleben und das Feudalwesen, die die persönliche Tapferkeit in so hohem Maße zur Geltung kommen ließen, eintritt.

Götz von Berlichingen führte den Beinamen: ›mit der eisernen Hand‹, weil er sich, da er die Rechte im Kriege verloren hatte, eine künstliche Hand machen ließ, mit der er sehr gut die Lanze halten konnte. Er war ein seiner Zeit durch seinen Muth und seine Biederkeit berühmter Ritter. Diese Gestalt ist sehr glücklich gewählt, um die Unabhängigkeit des Adels jener Zeit zu repräsentiren, wo noch nicht die Autorität der Regierung auf allen lastete. Im Mittelalter war jedes Schloß eine Festung, jeder Edelmann ein kleiner Fürst. Die Einführung der stehenden Heere und die Erfindung der Schußwaffen veränderten die sociale Ordnung vollständig: eine Art abstracter Gewalt, die man Staat oder Nation

nennt, kam jetzt zur Geltung, und die Individuen verloren dabei allmählich ihre ganze Bedeutung. Ein Charakter wie Götz mußte naturgemäß darunter leiden, als diese Umwälzung sich vollzog.
Der kriegerische Geist war in Deutschland stets ungestümer als sonst irgendwo, und hier kann man jene eisernen Männer, deren Bildnisse man noch jetzt in den Zeughäusern des Reiches sieht, sich als wirklich lebend denken. Nichtsdestoweniger ist die Einfachheit der Sitten jener Zeit in Goethes Schauspiel mit vielem Zauber geschildert. Der alte Götz, der immer in Fehden lebt, in seiner Rüstung schläft, stets zu Pferde sitzt, sich nur dann ausruht, wenn er belagert wird, der alles auf den Krieg verwendet und nur ihn sieht – dieser Götz, sage ich, giebt das beste Bild von dem Interesse und der Thätigkeit, die das Leben damals hatte. Seine Vorzüge wie seine Mängel sind scharf ausgesprochen. Nichts ist erhabener, als seine Anhänglichkeit an Weislingen, der zuerst sein Freund war, dann sein Gegner und zuweilen sogar zum Verräther an ihm wird. Empfindsamkeit bei einem unerschrockenen Krieger ergreift das Gemüth in ganz besonderer Weise: wir haben in unserm müßigen Leben Zeit zur Liebe, jene blitzartigen Gefühlsaufwallungen bei einer stürmisch bewegten Existenz aber, jene innern Bewegungen, die den Grund des Herzens enthüllen, rufen eine tiefe Rührung hervor. Man fürchtet so sehr, auch bei der schönsten Gabe des Himmels, bei der Empfindsamkeit, Verstellung zu finden, daß man zuweilen sogar der Barschheit als Bürgin der Wahrhaftigkeit den Vorzug giebt.
Götzens Gattin stellt sich der Einbildungskraft wie ein altes Porträt aus der holländischen Schule dar, an welchem alles, die Kleidung, der Blick und die ruhige Haltung die Frau verkünden, die ihrem Gatten unterthan ist, die nur ihn kennt, nur ihn bewundert und es für ihre Bestimmung hält, ihm zu dienen, wie es die seine ist, sie zu beschützen. Im Gegensatze zu dieser Frau im ganzen Sinne des Worts steht ein ganz entartetes Geschöpf, Adelheid, die Weislingen verführt und ihn veranlaßt, das seinem Freunde Götz gegebene Versprechen zu brechen. Sie heirathet Weislingen, wird ihm aber bald untreu, indem sie seinem Pagen die leidenschaftlichste Liebe einzuflößen weiß, und verwirrt den Geist dieses unglücklichen Jünglings am Ende so, daß er sich dazu verleiten läßt, seinem Herrn einen vergifteten Trank zu rei-

chen. Diese Charakterzüge sind stark, aber vielleicht beruht es auf Wahrheit, daß, wenn die Sitten im allgemeinen rein sind, diejenige, welche von dieser Reinheit abweicht, bald vollständig entartet. In der Jetztzeit ist die Gefallsucht nur ein auf das Gemüth wirkendes, liebliches Band, bei dem streng häuslichen Leben jener Epoche aber war es eine Verirrung, die alle übrigen nach sich ziehen konnte. Diese verbrecherische Adelheid giebt zu einer der schönsten Scenen des Stückes, der Sitzung des heimlichen Gerichts, Anlaß.
Geheimnisvolle Richter, die selbst einander nicht kannten, stets maskirt waren und sich zur Nachtzeit versammelten, straften im geheimen und gruben nur auf die Klinge des Dolches, den sie dem Schuldigen in die Brust stießen, das schreckliche Wort: *Heimliches Gericht.* Der Verurtheilte wurde von ihnen benachrichtigt, indem sie unter den Fenstern seiner Behausung ein dreimaliges Wehe! rufen ließen. Alsdann wußte der Unglückliche, daß er in dem Fremdling, dem Mitbürger, ja, dem eigenen Verwandten seinen Henker finden konnte. Die Einsamkeit und die Menge, die Städte und die Felder – alles war von der unsichtbaren Gegenwart dieses bewaffneten Gewissens bedroht, das die Verbrecher verfolgte. Man wird einsehen, daß diese furchtbare Institution nöthig war in einer Zeit, wo der einzelne gegen die Gesammtheit stark war, anstatt daß die Gesammtheit gegen den einzelnen stark gewesen wäre. Die Gerechtigkeit mußte den Verbrecher überraschen, bevor er sich in Vertheidigungszustand setzen konnte, daher berührte denn auch diese Strafe, die wie ein rächender Schatten in der Luft schwebte, dies Todesurtheil, das der Busen eines Freundes in sich schließen konnte, mit unüberwindlichem Entsetzen.«

(Über Deutschland. Übers. von Robert Habs. Reclams Universal-Bibliothek Nr. 1751-54. Leipzig o. J. [1882]. S. 354–357)

Damit begann die Wirksamkeit des »Götz« auch in Frankreich, wo er den französischen Romantikern als ein Muster für die Erneuerung des historischen Dramas in ihrem Land diente. Goethe selbst hat in einem Gespräch mit Soret (vgl. Kap. V) auf diese Beziehungen hingewiesen, und der französische Germanist Alfred Mézières urteilte in seinem Buch »Goethe« (2 Bde., Paris 1872/73, S. 95) über die ganze Entwicklung: »Vom ›Götz von Berlichingen‹ [...] und nicht von Shakespeare kommt, wie man nicht vergessen darf, das historische Drama zu uns, so wie die Romantiker es in Deutschland, in England und in Frankreich auf die Bühne gebracht haben, mit einer Sorgfalt im Lokalkolorit, wie sie Shakespeare gänzlich unbekannt war, mit einer Fülle genauer Kostüme und malerischer Einzelheiten und einem Reichtum an historischer Treue auf der Bühne, davon das alte englische Theater in seiner naiven Einfachheit, mit seinen primitiven Dekorationen und den Tafeln, die Veränderungen des Schauplatzes anzeigten, sich niemals hat träumen lassen«.

Noch wichtiger als für das historische Drama wurde Goethes »Götz« für die Entwicklung des historischen Romans. Eine der ersten literarischen Aktivitäten Sir Walter Scotts, dessen Vorbild für die Geschichte dieses Romangenres bestimmend wurde, war die Übersetzung des »Götz« ins Englische, die er 1799 trotz seiner dafür kaum ausreichenden Deutschkenntnisse übernahm. Zum Einfluß dieser Dichtung auf Scotts späteres Werk schreibt sein Schwiegersohn und Biograph John Gibson Lockhart (1794–1854):

»The tragedy of Goethe [...] is a broad, bold, free, and most picturesque delineation of real characters, manners, and events; the first-fruits, in a word, of that passionate admiration for Shakspeare, to which all that is excellent in the recent imaginative literature of Germany must be traced. With what delight must Scott have found the scope and manner of our Elizabethan drama revived on a foreign stage at the call of a real master! with what double delight must he have seen Goethe seizing for the noblest purposes of art, men and modes of life, scenes, incidents and transactions, all claiming near kindred with those that had from boyhood formed the chosen theme of his own sympathy and reflection! In the baronial robbers of the Rhine, stern, bloody, and rapacious, but frank, generous, and, after their fashion, courteous – in their forays upon each other's domains, the besieged castles, the plundered herds, the captive knights, the browbeaten bishop, and the baffled liege-lord, who vainly strove to quell all these turbulences – Scott had before him a vivid image of the life of his own and the rival Border clans, familiarized to him by a hundred nameless minstrels. If it be doubtful whether, but for Percy's Reliques, he would ever have thought of editing their Ballads, I think it not less so, whether, but for the Ironhanded Goetz, it would ever have flashed upon his mind, that in the wild traditions which these recorded, he had been unconsciously assembling materials for more works of high art than the longest life could serve him to elaborate.«

(Lockhart: Memoirs of the life of Walter Scott. 1837)

Neben diesem generellen Einfluß begegnen auch direkte Spuren des »Götz« in Sir Walter Scotts (1771–1832) Werk:

»The old castles, seen from time to time on the banks of the river itself, or on the ravines and large brooks which flow into it, were then no picturesque ruins, rendered interesting by the stories which were told about their former inhabitants, but constituted the real and apparently impregnable strongholds of that Robber-chivalry whom we have already frequently mentioned, and of whom, since Goethe, an author born to arouse the slumbering fame of his country, has dramatised the story of Goetz of Berlichingen, we have had so many spirit-stirring tales.«

(Scott: Anne of Geierstein. 1829. Kap. 17)

»With regard to a general subject of great curiosity and interest, in the eyes at least of all antiquarian students, upon which I have touched at some length in this narrative, I mean the *Vehmic* tribunals of Westphalia, a name so awful in men's ears during many centuries, and which, through the genius of Goethe, has again been revived in public fancy with a full share of its ancient terrors, I am bound to state my opinion, that a wholly new and most important light has been thrown upon this matter since Anne of Geierstein first appeared, by the elaborate researches of my ingenious friend, Mr. Francis Palgrave.«

(Scott: Vorwort zur 2. Aufl. von »Anne of Geierstein«, 17. September 1831)

Zum Femgericht in Scotts »Anne of Geierstein«, das darin eine bedeutende Rolle spielt, schreibt J. T. Hatfield (s. Kap. IX): »The feature of the ›Secret Tribunal‹ in Anne of

Geierstein is obviously, and, in places, literally, derived from Götz. [...] It is my conviction that the institution of the Ku-Klux Klan in the Southern States, founded by certain bookish young men in May, 1866, at Pulaski, Tennessee, shows the unmistakable influence of those parts of Scott's novel which were derived directly from Götz von Berlichingen« (S. 178).

VII. Die Ritterstücke

Ein Drama, das so vollkommen den Zeittendenzen entsprach, mußte notwendig Nachahmer finden. So ist die Flut der Ritterstücke, die bis zum Beginn des 19. Jahrhunderts herrschte, ein weiterer deutlicher Beleg für die Popularität des »Götz«. Otto Brahm hat in seinen Studien über »Das deutsche Ritterdrama des achtzehnten Jahrhunderts« (s. Kap. IX) 38 solcher Stücke verzeichnet; er vermutet selbst, daß die Zahl noch größer war:

Klinger:	Otto	1775
Maier:	Sturm von Boxberg	1778
Hahn:	Robert von Hohenecken	1778
Meissner:	Johann von Schwaben	1780
Ramond:	Hugo der Siebente	1780
Törring:	Agnes Bernauerinn	1780
Lengenfeld:	Ludwig der Bajer	1780
Babo:	Otto von Wittelsbach	1782
?	Ludwig der Strenge	1782
Nagel:	Bürgeraufruhr	1782
Hübner:	Hainz Stain	1782
Maier:	Fust von Stromberg	1782
Blaimhofer:	Die Schweden in Baiern	1783
Hübner:	Camma	1784
Soden:	Ignez de Castro	1784
Törring:	Kaspar	1785
Brühl:	Der Harfner	1786 (?)
Huber:	Das heimliche Gericht	1788/89
Kotzebue:	Adelheid von Wulfingen	1789 (?)
Spiess:	Klara von Hoheneichen	1790
Blumauer:	Erwine von Steinheim	1790
Ziegler:	Rache für Weiberraub	1791 (?)
Nissl:	Kunigunde von Rabenswalde	1791
Hagemann:	Otto der Schütz	1791 (?)

Bösenberg:	Ritterschwur u. Rittertreue	1791 (?)
Ziegler:	Mathilde von Giessbach	1791 (?)
Ziegler:	Die Pilger	?
Komareck:	Ida	1792 (?)
Hagemann:	Ludwig der Springer	1793 (?)
Ziegler:	Weiberehre	1793 (?)
Sennefelder:	Mathilde von Altenstein	1793
Tieck:	Karl von Berneck	1797
Elise Bürger:	Adelheit von Teck	1799
Kotzebue:	Johanna von Montfaucon	1800
Guttenberg:	Jakobine von Baiern	1800 (?)
Kleist:	Käthchen von Heilbronn	1810
Klingemann:	Vehmgericht	1810
Maler Müller:	Golo und Genovefa	1811

(Brahm, a. a. O., S. 72)

Diese Dramen lassen nicht nur durch die Wahl ritterlicher Sujets, durch die Freude an ritterlichen Schauplätzen und Sitten eine Abhängigkeit vom »Götz« vermuten, sie wird vielmehr in vielen Einzelzügen greifbar (vgl. Goethes Brief an Kirms, Kap. V): bis auf die späten Vertreter Klingemann und Kleist wählen alle Dichter die Prosa, wobei der Stil bis in Redewendungen und Bilder hinein dem »Götz« folgt, einzelne Szenen werden nachgeahmt – das Femgericht (vgl. Anm. zu 107,25 ff.), die Belagerung, die Kinderszene, die Eröffnung in einer Herberge –, ja, ein solches Detail wie die Namen wird getreulich von Goethe übernommen. Elfmal begegnet eine Adelheid, sechsmal ein Adelbert, schlimme Knappen heißen Franz und brave Georg, sanfte Frauen Marie und kleine Knaben Carl. Nicht nur auf Goethes »Götz« als das gemeinsame Vorbild wird dabei zurückgegriffen; die Nachahmer selbst werden nachgeahmt, und außer Kindern gewinnt »Götz« so auch Enkel.

Vor allem das 1780 erschienene Drama »Agnes Bernauerinn« von Joseph August von Törring (1753–1826) hat die weitere Entwicklung nachhaltig beeinflußt. Während Goethes »Götz« als Lesedrama am eindringlichsten wirkte (vgl. Kap. VIII), war »Agnes Bernauerinn« der erste überwältigende Bühnenerfolg in der neuen Dichtart und rief so die Nachfrage der Bühnen nach ähnlich zugkräftigen Stücken hervor. Während Törring, wie Brahm zeigt, sich noch durchaus um Stoffe bemüht, die für die Geschichte des ihm vertrauten Bayern wichtig waren, verliert sich in den Stücken seiner Nachfolger dieses eigentliche historische Interesse mehr und mehr; aus der Darstellung eines bedeutenden Abschnitts der vergangenen Zeit wird die Freude am Kostüm der Vergangenheit, das Ritterliche wird mehr und mehr auf die Rüstung reduziert. Vor allem von diesen Ritterstücken der achtziger und neunziger Jahre gilt, was August Wilhelm von Schlegel in seinen Vorlesungen »Über dramatische Kunst und Litteratur« sagte, daß in ihnen »nichts historisch ist als die Namen und andre Äußerlichkeiten, nichts ritterlich als die Helme, Schilder und Schwerter, nichts altdeutsch als vermeintlich die Rohheit, sonst die Gesinnungen ebenso modern als gemein. Aus Ritterstücken sind wahre Reiterstücke geworden, die zuletzt mehr von Pferden als von Menschen aufgeführt zu werden verdienen.«

Auch außerhalb der eigentlichen ›Ritterstücke‹ ist der Einfluß von Goethes »Götz« zu spüren, etwa in Schillers »Räubern« und in der »Jungfrau von Orleans«; noch aus Schillers letztem vollendeten Drama, »Wilhelm Tell«, führt Brahm (S. 143) eine Stelle (II,1) an, die Götz' Gespräch mit Weislingen (22,1 ff.) zum Vorbild hat:

»Attinghausen. Geh hin, verkaufe deine freie Seele,
Nimm Land zu Lehen, werd' ein Fürstenknecht,
Da du ein Selbstherr sein kannst und ein Fürst
Auf deinem eignen Erb' und freien Boden.«

Rudenz' Antwort spiegelt Weislingens Worte wider (22, 14 ff., vor allem 26 ff.):

»Hilft Gott uns nicht, kein Kaiser kann uns helfen.
Was ist zu geben auf des Kaisers Wort, ...
– Nein, Oheim! Wohltat ist's und weise Vorsicht, ...
Sich anzuschließen an ein mächtig Haupt.«

Ebenso scheint Rudenz in seinen Worten im 3. Aufzug, 3. Auftritt, Götz' Antwort an den kaiserlichen Rat (82, 30 ff.) aufzunehmen:

»Und stündet ihr nicht hier in Kaisers Namen,
Den ich verehre, selbst wo man ihn schändet,
Den Handschuh würf' ich vor Euch hin, Ihr solltet
Nach ritterlichem Brauch mir Antwort geben.«

Gerhart Hauptmann hat im 1896 erschienenen »Florian Geyer« aus den veränderten Tendenzen und Interessen seiner Zeit heraus auf dieselben Ereignisse zurückgegriffen, die schon der 5. Aufzug des »Götz« gestaltet. Götz' Autobiographie war dabei auch für Hauptmann eine außerordentlich wichtige Quelle, indem er sich ihrer Hilfe zur Gewinnung einer naturalistisch getreuen Sprache bediente: Für sein Drama hat er eine Liste mit etwa 700 Wörtern und Wendungen aus Götz' »Lebens-Beschreibung« exzerpiert. Goethes Dichtung erscheint lediglich als Hintergrund, von dem sich die Gestalt von Hauptmanns »Götz« abhebt. Wenn Götz zu Anfang des ersten Aktes eingeführt wird, gewinnt man den Eindruck, Besenmeyer, der Schultheiß und Martin hätten Goethes »Götz« gelesen und mäßen an ihm nun enttäuscht das historische Urbild:

»Der Schultheiß. Kennt Ihr den Berlinger von Angesicht?

Rektor Besenmeyer. Den Götzen von Berlichingen mit der eisernen Hand?

Der Schultheiß. Der dort auf dem magern Klepper sitzt.

Rektor Besenmeyer. Das kurze Männlein?

Der Schultheiß. Das Nußknackerlein. Mit dem er spricht, ist der Henneberger ...

Rektor Besenmeyer. Was disputieret er doch wohl so eifrig?

Der Schultheiß. Kotz Blau, was wird es sein!? Die Geschichte vom Bamberger Bischof, mit dem er alleweil in Händel gelegen.

Martin. Wollt Ihr sie hören, Bruder Rektor? Ich will sie Euch Wort für Wort aufsagen, und wann Ihr ein alt Weib findet im Lande zu Franken, das sie nit herbetet wie das Paternoster, so möget Ihr mich lassen mit einem Kürißbengel totschlagen ...

Der Schultheiß. Hat kein Marks in den Händen, der ganze Götz.«

(Gerhart Hauptmann: Florian Geyer, 1. Akt. In: Sämtliche Werke. Hrsg. von Hans-Egon Hass. Bd. I. Berlin: Propyläen 1966. S. 606)

VIII. Zu zeitgenössischen Aufführungen des »Götz«

Goethes »Götz« hat seinen Siegeszug durch Deutschland als Lesedrama angetreten. Dies mag vielleicht verwundern, wenn man daran gewöhnt ist, daß ein neues Stück meist erst nach seiner Uraufführung gedruckt wird; für Goethes Zeit war hingegen der umgekehrte Vorgang eine Selbstverständlichkeit (vgl. Mme. de Staël, Kap. VI). So war z. B. die Lektüre der einzige Weg, auf dem man in Deutschland die Dramen des bewunderten Shakespeare kennengelernt hatte; sie schien auch für Goethes shakespearisierendes Stück die einzig angemessene Rezeption, wie die Kritiker betonten. Schillers Worte in einer 1781 verfaßten unterdrückten »Räuber«-Vorrede beschreiben sehr klar diese »dramatische Methode [...] ohne Hinsicht auf theatralische Verkörperung«, deren sich auch Goethe im »Götz« bedient und für die sich Schiller ebenfalls auf Shakespeare beruft: »Wahr also ist es, daß der echte Genius des Dramas, welchen Shakespeare, wie Prospero seinen Ariel, in seiner Gewalt mag gehabt haben, daß, sage ich, der wahre Geist des Schauspiels tiefer in die Seele gräbt, schärfer ins Herz schneidet und lebendiger belehrt als Roman und Epopee, und daß es der sinnlichen Vorspiegelung gar nicht einmal bedarf, uns diese Gattung von Poesie vorzüglich zu empfehlen. Ich kann demnach eine Geschichte dramatisch abhandeln, ohne darum ein Drama schreiben zu wollen. Das heißt, ich schreibe einen dramatischen Roman und kein theatralisches Drama. Im ersten Fall darf ich mich nur den allgemeinen Gesetzen der Kunst, nicht aber den besondern des theatralischen Geschmacks unterwerfen.«

Genau dies war auch Goethes Intention, als er seine »Geschichte Gottfriedens« mit 59 Szenenwechseln versah, und auch die Umarbeitung von 1773 ist sicher nicht bühnengerechter, wenn sie mit 56 Szenenwechseln Shakespeares »wildeste« Stücke noch weit übertrifft. Nicht nur seine Mutter bezeugt das (vgl. Kap. VI), auch er selbst betont immer wieder, daß das Stück »überhaupt ohne bedeutende Umarbeitung nicht auf das Theater zu bringen« ist, weil »seine Grundrichtung antitheatralisch ist« – »eine angeborene Unart«, die nur »schwer zu meistern« ist (vgl. Kap. V).

Daß sich dennoch schon sehr bald nach dem Erscheinen des »Götz« Bühnen an die Aufführung wagten, erklärt sich aus dem gewaltigen Erfolg, den die Buchausgabe des Dramas hatte. Die Schwierigkeiten, die überwunden werden mußten, waren für die damaligen Theater außerordentlich groß. Das Publikum war an regelmäßige Stücke, überschaubare Zeitabläufe, kleine Personenzahlen und wenig Ortsveränderungen gewöhnt. Es erwartete von einer Bühnenfigur eine Sprache, wie sie auch deren Darsteller in Gesellschaft brauchen könnte; was in der Konversation nicht vor Damen erwähnt werden durfte, war auch auf der Bühne verpönt. Dazu paßte, daß alle Stücke in der Gesellschaftstracht des französischen Hofes gespielt wurden, was zugleich kostensparend war, wie überhaupt die vom Publikum erwarteten Stücke die realen Bühnenverhältnisse spiegeln: die Bühnen waren winzig, die Ensembles klein, die Einkünfte gering.
Eine Aufführung des »Götz« konnte nur all diesem zum Trotz gewagt werden: Er entsprach den Erwartungen des herkömmlichen Publikums in keiner Beziehung, erforderte einen großen Schauplatz, viele Darsteller, häufigen Szenenwechsel, und er konnte unmöglich in französischer Hoftracht gespielt werden. So datiert von der Berliner Uraufführung des »Götz« der Brauch, ein Stück in seinen historischen Kostümen spielen zu lassen, nicht nur, wenn es in germanischer Vorzeit spielt, sondern auch, wenn es nur 250 Jahre zurückgreift.
Die andern Probleme, die eine Aufführung des »Götz« mit sich brachte, konnten nicht so elegant gelöst werden. Die für die Zeit ungeheure Zahl von Mitwirkenden erforderte die Verwendung aller zur Verfügung stehenden Kräfte, so daß nur die Hauptrollen gut besetzt werden konnten; zudem mußten die meisten Schauspieler mehrere Rollen spielen, was das Verständnis des Inhalts nicht gerade erleichterte. Beim Femgericht scheint man bei der Uraufführung gar auf die Herren vom Ballett zurückgegriffen zu haben, wie eine bei Werner (s. Kap. IX) wiedergegebene Kritik vermuten läßt: »Nichts fiel elender aus, als das heimliche Gericht. Stellen Sie sich nur vor, das: ›Weh! Weh! Weh!‹ und das ›Klage! Klage! Klage!‹ in einem Tone wie in einer Knabenschule nachgebetet.« Zudem mußte durch Umstellungen und Streichungen auch die Zahl der Szenenwechsel verringert werden. Doch blieb das Stück dabei immer noch für die Zeitgenossen

so schwer verständlich, daß an den Kassen ein Leitfaden durch das Bühnengeschehen verkauft wurde.
Auch so war der »Götz« noch nicht aufführbar ohne weitere Konzessionen an das Publikum. Es war gewöhnt, ein Ballett zu sehen; bei Stücken, in die es beim besten Willen nicht einzufügen war, wurde es im Anschluß gegeben, etwa ein »Zuckerpuppenballett« nach Lessings »Emilia Galotti« und ein »Carneval von Venedig« nach Goethes »Clavigo«. Der Hamburger Darsteller des Carlos und der drei Rollen Martins, Lerses und des Ältesten der Feme war, wie Devrient in der »Geschichte der deutschen Schauspielkunst« berichtet, für einen Sprung in solchen Zwischenspielen berühmt, bei dem er mit den Füßen einen Korb Äpfel von einem hohen Gestell herunterschlug. In Berlin wurde deshalb als Konzession an solche Erwartungen ein Zigeunerballett in den »Götz« eingelegt.
Unter diesen Voraussetzungen konnte »Götz von Berlichingen« auf dem Theater nur Erfolge erzielen, die mit denen der Buchausgabe nicht zu vergleichen waren. Wer das Drama aus der Lektüre kannte, den mußte die unvollkommene Realisierung enttäuschen, wer ohne solche Vorkenntnisse ins Theater kam, dem mußte das Stück als das völlig unverständliche Produkt eines Wahnsinnigen erscheinen. Dies sind auch genau die Haltungen der im folgenden wiedergegebenen Besprechungen der Berliner und der Hamburger Aufführung von 1774 einerseits und der Kritik Friedrichs des Großen (vgl. Kap. VI) andererseits, die sich auf die Berliner Aufführung stützt.

Die »Berlinische privilegierte Zeitung« berichtet am 16. April 1774:

»Das so viel Aufsehen in Deutschland verursachte Schauspiel:

Götz von Berlichingen mit der eisernen Hand,

ward auf hiesigem deutschen Theater dreymal hinter einander mit grossem Beyfall aufgeführt. Es ist eine deutsche Rittergeschichte, völlig in der Shakespearschen Manier. Es würde freylich sehr sonderbar seyn, wenn man es nach den Regeln des sogenannten regelmäßigen Schauspiels beurtheilen wollte; noch sonderbarer aber, wenn man sich der willkührlichen Regeln, die man von Griechen und Franzosen

angenommen, erinnern, und darnach den Werth dieses Stücks bestimmen wollte. Es ist, wenn man sich so ausdrücken darf, eine Reihe der vortreflichsten Gemälde, die nach und nach lebendig werden, und weiter unter sich keinen Zusammenhang haben, als daß sie zu Götzens Lebzeiten vorfallen. Weder Einheit der Handlung noch Vorbereitung einer Begebenheit zur andern: aber dafür so viel damalige deutsche Sitten und Denkungsart, als aus manchem deutschen Geschichtsbuche in Folio mit aller Scharfsinnigkeit nicht herauszukommentiren ist.
Trugen diese Deutschinnen keine Chignons und ellenlange Kleiderschleppen, so hatten sie doch auch ihren schönen Putz; und sagten die galanten Damen dazumals nicht, wie jetzt, mon cher, so sagten sie, *mein lieber Junge.* Und daß dieses verliebten Rittern eben so reizend gewesen seyn muß, als jenes, beweiset diese Geschichte selbst; denn das, mein lieber Junge aus einem schönen Munde vermochte den braven Ritter Weißlingen so gut zu einer schlechten Handlung, als das mon cher manchen unserer Zeitgenossen vermag. Wenn also dieses Stück auch keinen andern Vorzug hätte (und es hat gewiß noch viele andere!) als diesen, daß es uns mit den deutschen Ritterzeiten bekannt machte, so wäre es schon für jeden Deutschen Bewegungsgrund genug, es nicht einmal, sondern vielmal zu hören. Denn es ist doch wunderlich genug, den alten Römern so emsig zu studieren, und von den mittlern Zeiten Deutschlands nicht eine Sylbe zu wissen!
Wenn der Beyfall ein Merkmal von der guten Vorstellung der Schauspieler ist, so kann man sie dasmal vortreflich nennen; und wenn dieser Beyfall ihnen auch nicht zu theil geworden, so würde doch der Unpartheyische gestehen, daß ein solches Stück, dessen Aufführung vielen Schwierigkeiten unterworfen, im Ganzen genommen, nach Beschaffenheit des deutschen Theaters, wohl von keiner Gesellschaft besser vorgestellt werden kann. Vornehmlich wurden die Hauptrollen sehr gut ausgeführt, und das Kostüme, das in den Kleidungen mit wahrem Geschmacke durchgängig beobachtet worden, wird selbst der Alterthumskenner rühmen müssen. Heute wird es auf allgemeines Verlangen wiederholt.«

(Braun I, S. 32 f.).

Die »Gelehrte Zeitung für das Frauenzimmer« berichtet 1774 von derselben Aufführung:

»Da wir Ihnen, meine Leserinnen das Göthische Meisterstück, den Götz, der unter unsern dramatischen Stücken Epoche zu machen anfängt, vor allen andern Journalen zuerst bekannt zu machen uns rühmen konnten [vgl. Kap. VI], so wollen wir auch die ersten seyn, die Ihnen von der Vorstellung dieses Stücks, die Koch in Berlin zu machen Muth genug gehabt, und die dort sehr großen Beyfall gefunden hat, Nachricht zu geben, und würklich glaubwürdige Nachricht. Sie ist in einem Brief enthalten, den einer von den Mitarbeitern dieser Zeitung über diesen Gegenstand, durch einen Freund aus Berlin, bekommen hat; einen dortigen Kaufmann, der viel Kenntniß in dramatischen Sachen, einen feinen geläuterten Geschmack und Unpartheylichkeit besitzt. Wir zweifeln nicht, daß Sie dieß Schreiben einer geneigten Aufnahme würdigen werden.

Berlin, den 12ten May 1774.

Liebster Freund!

Viel gefordert in Ihrem letzten Schreiben; sehr viel. Von mir, einem Layen in den Regeln der Schauspielkunst eine richtige Beurtheilung der Vorstellung des Götz von Berlichingen? Um diese zu erhalten, hätten Sie sich an Männer wenden müssen, die wohlerfahren in allen dramaturgischen Regeln, bekannt mit allen Schauspielertruppen Teutschlands, Ihrem Verlangen vollkommen hätten Gnüge leisten können. ›Nicht so vollkommen, als Sie denken‹, hör ich Sie antworten; ›denn sie würden gewisse Regeln angewandt wissen, von denen die Schauspieler, die hier der bloßen kunstlosen Natur folgen mußten, keinen Gebrauch machen konnten; dieß würden sie ihnen als ein großes Verbrechen angerechnet, öfters Spieler aus andern Gesellschaften herausgehoben, und sie mit der Kochischen Gesellschaft paralelisirt haben: lauter Sachen, die nicht in meinen Kram gedient hätten, weil ich nur wissen wollte, ob die Deklamation und Aktion der Schauspiler meinem Lieblingsstück an Natur entsprochen hätte, und dann auch, ob man's nicht zu sehr kastrirt, um es theaterfähig zu machen; um dieß nun zu erfahren, fand ich Sie vor allen andern Freunden wegen Ihres gesunden Augs, und Unpartheylichkeit am allergeschicktesten.‹ Schmeichler! dem widerstehn, wer da kann, muß ich mit Sterne sagen; ich bin durch diesen mächtigen Lobspruch – so wenig Wahres ich auch darin finde – der-

maßen bestochen, daß ich sogleich Ihnen meine Meinung über die Vorstellung des Götz hinschreiben will. [...]
Zuerst also ein paar Worte von der Kastrirung des Stücks! Diese war wirklich gelinder, als irgend jemand, ja der Verfasser selbst vermuthet hatte, der sein Schauspiel, so wie's da war, für unaufführbar hielt. Nicht unser Ramler hatte selbige, wie man ausgesprengt, über sich genommen, sondern ein bekannter hiesiger Gelehrter, Karl Lessing, weil Koch wegen der Kleinheit unsrer Bühne und wegen der Länge des Stücks einige Auslassungen und Veränderungen für nothwendig hielt; damit nun nicht einige Schönheiten durch diesen Aushau möchten verloren gehn, so zeigte oberwähnter Gelehrter diejenigen Scenen an, die dem Ganzen unbeschadet ganz wegbleiben konnten, und überhaupt von keinem besondern Belang waren, nemlich: die 12te und 13te, im zweyten Akt, die 3te, 7te–15te, die 20ste und 21ste des dritten und die 11te des fünften Aktes. In der 12ten Scene des ersten Akts hatte er den Schluß von Oleanders Rede: indem die Bürgerlich u.s.w. bis zu des Abts Frage: Kennen Sie nicht u.s.w. weggestrichen, ferner von des Bischofs Rede: Wie saget Ihr u.s.w. bis zu der des Abts: Wo seyd Ihr her; und das nach Olearius Antwort Folgende, weils nur, so wie das Vorige, den kleinsten Theil des Publikums interessiren konnte, bis zu Liebetrauts Frage: Ihr seyd von Frankfurt; durch welche unumgänglich nothwendige Auslassung aber, Olearius leider, das Charakteristische verloren hatte. Die 2te und 4te Scene im 2ten Akt hat er aufeinander folgen lassen, und beyde in Spessart verlegt, um keine unnöthige Verwandlung zu machen. Weil die sonstige 4te Scene des 3ten Akts weggefallen war, mußte Herr Lessing bloß den Götz zu Marien gehn, und den Sickingen ein Monolog halten lassen, worinn er Hoffnung zum Besuch von Berlichings Schwester blicken ließ. Sonst hatte obgedachter Mann hin und wieder einige Ausdrücke geändert, die das französisch gestimmte Ohr unsers Publikums würden empört haben, als z. B. Bamberger die Sch ... kerle und Götzens Antwort an den Trompeter: der Hauptmann mag mich im A ... lecken.
Auf diese Art behauen und mit dem gehörigen Kostüme, das von unserm großen Meil den Schauspielern vorgeschrieben worden, kam Götz den 12 April zum erstenmal aufs Theater, und gefiel unserm Publikum dermaßen, daß er fünf Abende hinter einander mußte wiederholt werden, woran

der innere Werth dieses meisterhaften Dramas, und das Spiel unsrer Gesellschaft gleichen Antheil hatten, das, wie der Verfasser eines sehr wohl geschriebenen Aufsatzes im 47sten Stück der Vossischen Zeitung, mit größtem Fug und Recht behauptet, vortrefflich genannt zu werden verdient. Ja wohl, vortrefflich, wenn man bedenkt, mit welcher Wahrheit die Hauptrollen meistentheils gemacht wurden; wie sehr Brückner, Starkinn, Hencke u. Witthöft ihre vorzustellende Charaktere in ihre Seelen hinein verarbeitet hatten, so daß weder in ihrem Ton, noch Gebärden das geringste Moderne oder sonst Uncharakteristische sich äußerte. [...]
Kummers Einfall, von den Zigeunern ein Ballett tanzen zu lassen, die den Götz aufnehmen, war wirklich nicht übel – für Kochs Kasse – denn solche Nebenzierrathen bringen dem Direktor immer Geld ins Haus; für Zuschauer aber, die ein Stück empfinden wollen, war der Umstand übel, denn sie wurden aus ihren besten Empfindungen herausgetanzt. Obgleich nicht zu leugnen, daß es sehr im Geist der Zigeuner war, gleich nach ausgetheilter Beute vor Freude mitten beym Brande der Dörfer zu tanzen, so hätt ich, wie gesagt, das Ballett so geschickt es auch eingeflochten war, herausgewünscht. [...]«

(Nollau S. 104–117)

Zur Hamburger Aufführung von 1774 schreibt das »Allgemeine deutsche Wochenblatt zur Ehre der Lektür«:

»Götz von Berlichingen, von welchem die Aufführung mit so vielem Pompe in verschiedenen öffentlichen Blättern vorher verkündiget war, ward endlich am 24sten October auf die Bühne gebracht. Der Zulauf war ungemein stark, das Haus war so sehr angefüllt, daß keine geringe Anzahl Neugieriger zurückgehen mußte. Im Parterre war es so voll, daß man kaum Athem holen konnte und daß es zwischen den Zuschauern, die einander auf die Füße traten, und einer den andern verdrängen wollten, fast zu Schlägen kam. Jedermann war voll Erwartung; man hoffte ein Meisterstück zu sehen, das alles, was bisher auf die Bühne gebracht worden, verdunkeln sollte. Und nun ward der Vorhang aufgezogen; man sah und – fand sich betrogen. Die Zuschauer waren so wenig mit diesem Stücke zufrieden, daß viele schon am Ende

des zweyten Akts das Schauspielhaus verließen. Am folgenden Tage ward es nochmals aufgeführt, die Zahl der Zuschauer aber hatte bereits ziemlich abgenommen; am 31. October ward es wiederholet; es fanden sich zwar noch ziemlich viel Zuschauer ein, aber niemand begehrt nun Götzen von Berlichingen weiter zu sehen. Die Hoffnung der Comödiantinn Ackermann und ihres Sohns Schröder, durch dieß Stück, woran sie soviel Geld verschwendet hat, ihren Beutel recht zu schicken, ist also fehl geschlagen. [. . .]
Götz von Berlichingen war Reineke, kalt und eintönig, wie gewöhnlich; er spielte gar nicht mit dem Feuer, das in Götzens Busen glühte; er schien eher das Ansehen eines ehrlichen Bauersmannes, als eines alten, deutschen Ritters zu haben. Aus Höflichkeit, oder Ehrerbietung gegen das Parterre, wie mans nennen will, begieng er durch Auslassung einen Fehler, der ganz unverzeihlich ist. Gegen das Ende des dritten Akts wird Götze, wie Sie wissen, in seinem Schlosse aufgefodert. Er zeigt sich am Fenster, und sagt ›Sag deinem Hauptmann, vor Ihro kaiserl. Majestät hab' ich, wie immer, schuldigen Respect; er aber, sags ihm, er kann mich im Arsch lecken.‹ Als Reineke an die letzten Worte kam, riß er, ohne dieselben, wie er doch soll, dem Trompeter laut zuzurufen, das Fenster zu; und was soll nun der Trompeter seinem Hauptmanne sagen; aber dieß fällt hier ganz weg, da die letzten Worte verschwiegen werden. Freylich hätte der Verfasser selbst dergleichen Grobheiten zu vermeiden suchen sollen; aber da sie nun einmal da stehen, so mußte der Schauspieler sie auch sagen. [. . .]«

(Nollau, S. 118 f.)

Wegen der anhaltend großen literarischen Wirkung des »Götz« kam es immer wieder zu Aufführungen an verschiedenen Orten, ohne daß einer ein außergewöhnlicher Erfolg beschieden gewesen wäre. So wurde das Stück vor Goethes eigener Weimarer Bearbeitung von 1804 noch in Breslau, Leipzig, Mannheim und Frankfurt a. M. gespielt. Von der Frankfurter Aufführung von 1786 berichtet Goethes Mutter am 25. Mai 1786 an Fritz von Stein:

»Der 8te Mai war wohl für mich als für Goethe's Freunde ein fröhlicher Tag, – Götz von Berlichingen wurde aufgeführt, hier schicke ich Ihnen den Zettel, – Sie werden sich vielleicht der Leute noch erinnern, die Sie bei ihrem Hierseyn auf dem Theater gesehen haben. Der Auftritt des Bruder Martin, – Götz vor den Rathsherrn von Heilbronn, – die Kugelgießerei, – die Bataille mit der Reichsarmee, – die Sterbescene von Weislingen und von Götz thaten große Wirkung. Die Frage: ›wo seyd Ihr her, hochgelahrter Herr?‹ und die Antwort: ›von Frankfurth am Main‹ erregten einen solchen Jubel, ein Applaudiren, das gar lustig anzuhören war, und wie der Fürst (denn Bischöfe dürfen hier und in Maynz nicht aufs Theater) in der dummen Behaglichkeit dasaß, und sagte: ›Potz, da müssen ja die zehn Gebote auch darin stehen‹, – da hätte der größte Murrkopf lachen müssen. Summa Summarum! ich hatte ein herzliches Gaudium an dem ganzen Spektakel. – Nun, lieber Sohn, sind Sie jetzt wieder mit mir einig? Das ist doch ein ziemlich honetter Brief vor eine Frau, der das Schreiben verboten ist. Wir sind wieder gute Freunde und in der Hoffnung unterschreibe ich mich als

Ihre
wahre und treue Freundin
E. G.

N.S. Dienstags den 30ten Mai
wird auf Begehren des Erbprinzen
von Darmstadt Götz von Berlichingen wieder aufgeführt. Potz,
Fritzgen, das wird ein Spaß seyn!«

(Briefe aus dem Elternhaus. 1. Ergänzungsbd. der Goethe-Gedenkausg. Zürich u. Stuttgart 1960. S. 552 f.)

Nach 1804 beherrschten die verschiedenen Stadien von Goethes eigener Bearbeitung (vgl. Kap. III, 2) die Bühnen, bis die fortgeschrittene Bühnentechnik und der gewandelte Geschmack den Rückgriff auf die Originalfassung oder gar auf die seit 1832 bekannte »Geschichte Gottfriedens« erlaubten. So urteilt 1881 R. M. Werner (s. Kap. IX):

»Heute dürfte das Werk kaum im Repertoire irgend einer Bühne fehlen. [...] Es hat sich ein Umschwung in allen Anschauungen vollzogen, der kaum größer gedacht werden kann. Das Publikum fühlt sich nicht mehr gequält durch den raschen Wechsel der Scenerie, empfindet nicht mehr peinlich die großen Zeitintervalle zwischen den einzelnen Begebenheiten, sieht nicht mehr eine lose Reihe von Episoden, die nur zufällig zu Götz in Beziehung gebracht sind, sondern es erwärmt sich für ein großes Kunstwerk, das es zu fassen vermag, folgt mit gespanntester Aufmerksamkeit dem Leben eines braven Mannes und so ist die Prophezeiung des Magus aus Norden [= Johann Georg Hamann] in Erfüllung gegangen: der Götz ist die Morgenröthe einer neuen Dramaturgie geworden« (S. 100).

IX. Literaturhinweise

1. *Ausgaben*

Geschichte Gottfriedens von Berlichingen mit der eisernen Hand, dramatisiert. In: Ausgabe letzter Hand. Bd. 42. Stuttgart u. Tübingen 1832.

Geschichte Gottfriedens von Berlichingen mit der eisernen Hand, dramatisirt. In: Der junge Goethe. Neue Ausg. in sechs Bänden. Besorgt von Max Morris. Zweiter Band. S. 141–265. Leipzig 1910.

Geschichte Gottfriedens von Berlichingen mit der eisernen Hand, dramatisirt. In: Der junge Goethe. 4. Bd. der Gedenkausgabe. Zürich 1955. (Artemis-Ausgabe.)

Geschichte Gottfriedens von Berlichingen mit der eisernen Hand, dramatisirt. In: Der junge Goethe. Neu bearbeitete Ausg. in fünf Bänden. Hrsg. von Hanna Fischer-Lamberg. Bd. II. S. 88–227. Berlin 1963.

Götz von Berlichingen mit der eisernen Hand. Ein Schauspiel. 1773. In: Der junge Goethe. 4. Bd. der Gedenkausgabe. Zürich 1955 (Artemis-Ausgabe.) [Ein Abdruck dieser Fassung findet sich im Band 8 der dtv-Gesamtausgabe.]

Die Geschichte Gottfriedens von Berlichingen. Götz von Berlichingen. ⟨Paralleldruck⟩. Bearbeitet von Jutta Neuendorff-Fürstenau. Berlin 1958. (Werke Goethes. Hrsg. von der Deutschen Akademie der Wissenschaften zu Berlin.)

2. *Quellen*

Lebensbeschreibung Herrn Götzens von Berlichingen. Nach der [von Pistorius besorgten] Ausgabe von 1731 hrsg. von Albert Leitzmann. Halle (Saale) 1916. (Quellenschriften zur neueren deutschen Literatur 2.)

Geschichte des Ritters Götz von Berlichingen mit der eisernen Hand und seiner Familie. Nach Urkunden zusammengestellt u. hrsg. von Friedrich Wolfgang Goetz Graf von Berlichingen-Rossach. Leipzig 1861. [Dieser Band bietet neben Götz' Autobiographie nach einer alten Handschrift u. a. alle auf Götz bezüglichen wichtigen Urkunden im originalen Wortlaut.]

Historischer Chronicken Siebender/ vnd Rômischer Monarchy Vierdter Theil: Oder/ Warhafftige Beschreibung der vornembsten vnd denckwůrdigsten Geschichten/ so sich hin vnd wider in der Welt/ von Anfang der Regierung Keysers Caroli V. biß auff das Jahr 1601 zugetragen/ Beschrieben durch Johann Ludwig Gottfriden: Mit Geschichtmåssigen Kupfferstůcken gezieret vnd verlegt/ Durch Matthæum Merian. Franckfurt/ Anno 1633.

Datt, Johann Philipp: Volumen rerum Germanicarum novum sive de pace publica libri V. Ulmae 1698.

Corpus iuris Germanici publici ac privati hactenus ineditum e bibliotheca Senckenbergiana. Frankfurt a. M. 1760.
Pütter, Johann Stephan: Grundriß der Staatsveränderungen des teutschen Reichs. 1764.
Stammler, Rudolf: Deutsches Rechtsleben im Alten Reich. Kap. IV: Götz von Berlichingen in Fehde und vor Gericht. Charlottenburg 1928. [Überblick über Götz' Rechtshändel und Selbsthilfeaktionen aus rechtshistorischer Sicht.]

3. Zeugnisse

Gräf, Hans Gerhard: Goethe über seine Dichtungen. II. Theil, 3. Band. Frankfurt a. M. 1906. (Zitiert als: Gräf II, 3.)
Goethe im Urtheile seiner Zeitgenossen. Zeitungskritiken, Berichte, Notizen, Goethe und seine Werke betreffend, aus den Jahren 1773–1786. Gesammelt u. hrsg. von Julius W. Braun. Berlin 1883. (Zitiert als: Braun I.)
Zeitgenössische Rezensionen und Urteile über Goethes »Götz« und »Werther«. Hrsg. von Hermann Blumenthal. Berlin 1935. (Zitiert als: Blumenthal.)
Nollau, Alfred: Das literarische Publikum des jungen Goethe von 1770 bis zur Übersiedlung nach Weimar. Mit einem Anhang: Neudrucke bisher unveröffentlichter Götz- und Werther-Kritiken der Zeit. Weimar 1935. (Literatur und Leben 5.) (Zitiert als: Nollau.)

4. Forschungsliteratur

Baldensperger, Fernand: Goethe en France. Paris [2]1920. [Vor allem II, Kap. 1: La Réforme Dramatique. S. 93–108.]
Braemer, Edith: Geniezüge an Goethes Erwin von Steinbach und Gottfried von Berlichingen. Diss. Jena 1952. In: Wissenschaftliche Zeitschrift der Friedrich-Schiller-Universität Jena, gesellschafts- und sprachwissenschaftliche Reihe 2, 1952/53.
Brahm, Otto: Das deutsche Ritterdrama des achtzehnten Jahrhunderts. Straßburg 1880.
Brahm, Otto: Die Bühnenbearbeitung des Götz von Berlichingen. In: Goethe-Jahrbuch II. Frankfurt a. M. 1881. S. 190–216.
Brandl, Alois: Die Aufnahme von Goethes Jugendwerken in England. Goethe-Jahrbuch III. Frankfurt a. M. 1882. S. 27–76.
Collin, Josef: Gedanken über Goethes Götz und Faust. In: Euphorion III (1896) S. 33–52.
Couch, David R.: A Theatrical Evaluation of Goethes Abridged Stage Adaption of Götz. In: The German Quarterly LXI (1968) S. 149–166.
Deneke, Otto: Die ersten Ausgaben des Götz von Berlichingen. Göttingen 1908.
Düntzer, Heinrich: Goethes Götz von Berlichingen erläutert. Leipzig [5]1894.

Gerstenberg, Ekkehard: Recht und Unrecht in Goethes »Götz von Berlichingen«. In: Goethe, Neue Folge des Jahrbuchs der Goethe-Gesellschaft 16 (1954) S. 258–271.

Graham, Ilse A.: Vom Urgötz zum Götz: Neufassung oder Neuschöpfung? In: Jahrbuch der Dt. Schillergesellschaft 9 (1965) S. 245–282.

Hagenbring, Paul: Goethes Götz von Berlichingen. Teil 1. Halle (Saale) 1911.

Haile, Harry G.: Herr, er will uns fressen: The Spirit of Götz. In: Journal of English and German Philology LXIV (1965) S. 610–634.

Hatfield, James Taft: Götz von Berlichingen in America. In: Germanic Review XXIV (1949) S. 177–183.

Hübner, Gerhard: Goethes Götz von Berlichingen in seinem Verhältnis zum Urgötz. Diss. Tübingen 1961 [masch.].

Kaß, Georg: Möser und Goethe. Diss. Göttingen 1909.

Kayser, Wolfgang: Anmerkungen des Herausgebers zu »Götz von Berlichingen«. In: Hamburger Ausgabe Bd. IV. [4]1960. S. 483–520.

Korff, Hermann August: Geist der Goethezeit I. Leipzig [8]1966. [Vor allem S. 219–234.]

Martini, Wolfgang: Die Technik der Jugenddramen Goethes. Weimar 1932.

Meyer-Benfey, Heinrich: Goethes Götz von Berlichingen. Weimar 1929.

Minor, Josef u. August Sauer: Studien zur Goethe-Philologie, Wien 1880. [Gründlicher Vergleich der beiden Fassungen; Untersuchung des Verhältnisses zu Shakespeare.]

Needler, George Henry: Goethe and Scott. Toronto 1950.

Ryder, Frank G.: Toward a Revaluation of Goethe's Götz: The Protagonist. In: PMLA LXXVII (1962) S. 58–70.

Ryder, Frank G.: Toward a Revaluation of Goethe's Götz: Features of Recurrence. In: PMLA LXXIX (1964) S. 58–66.

Schöffler, Herbert: Shakespeare und der junge Goethe. In: Shakespeare-Jahrbuch 76 (1940) S. 11–33. Wieder abgedruckt in: H. Sch., Deutscher Geist im 18. Jahrhundert. Hrsg. von G. von Selle. Göttingen 1956. S. 113–135.

Schumann, Detlev W.: Goethe and Friedrich Carl von Moser. In: Journal of English and German Philology 53 (1954) S. 1–22.

Sengle, Friedrich: Das deutsche Geschichtsdrama. Geschichte eines literarischen Mythos. Stuttgart 1952.

Staiger, Emil: Goethe 1749–1786. Zürich u. Freiburg [3]1960.

Viëtor, Karl: Der junge Goethe. Bern [2]1950.

Werner, Richard Maria: Die erste Aufführung des »Götz von Berlichingen«. In: Goethe-Jahrbuch II. Frankfurt a. M. 1881. S. 87–100.

Wertheim, Ursula: Die Helfenstein-Szene in Goethes »Ur-Götz« und ihre Beziehungen zum Volkslied. In: Weimarer Beiträge 1955.

Winter, Fritz: Die erste Aufführung des »Götz von Berlichingen« in Hamburg. In: F. W. u. Eugen Kilian, Zur Bühnengeschichte des »Götz von Berlichingen«. Hamburg u. Leipzig 1891.

Inhalt